中国工程院院地合作项目"支撑粤港澳大湾区国际科技创新中心的世界一流高科技园区建设路径研究——'两观三性'理论引领下的横琴科技园区绿色发展解决方案研究"（项目编号 2022-GD-11) 资助

基于"可持续发展观"的横琴科技园区绿色发展路径研究

黄骏　刘小娟　著

·广州·

图书在版编目（CIP）数据

基于"可持续发展观"的横琴科技园区绿色发展路径研究/黄骏，刘小娟著. — 广州：华南理工大学出版社，2023.12
　　ISBN 978-7-5623-7445-9

Ⅰ.①基… Ⅱ.①黄…②刘… Ⅲ.①高技术园区-经济可持续发展-研究-珠海　Ⅳ.①F127.653

中国国家版本馆CIP数据核字（2023）第191589号

基于"可持续发展观"的横琴科技园区绿色发展路径研究
黄骏　刘小娟　著

出 版 人：柯　宁
出版发行：华南理工大学出版社
　　　　　（广州五山华南理工大学17号楼，邮编510640）
　　　　　http://hg.cb.scut.edu.cn　E-mail：scutc13@scut.edu.cn
　　　　　营销部电话：020-87113487　87111048（传真）
策划编辑：骆　婷
责任编辑：骆　婷　邱　燕
责任校对：龙祈君
印 刷 者：广州市新怡印务股份有限公司
开　　本：787mm×1092mm　1/16　印张：12　字数：197千
版　　次：2023年12月第1版　印次：2023年12月第1次印刷
定　　价：68.00元

版权所有　盗版必究　　印装差错　负责调换

序

  《基于"可持续发展观"的横琴科技园区绿色发展路径研究》一书，源于中国工程院院地合作项目"支撑粤港澳大湾区国际科技创新中心的世界一流高科技园区建设路径研究——'两观三性'理论引领下的横琴科技园区绿色发展解决方案研究"（项目编号2022-GD-11）之"基于'可持续发展观'理论的横琴科技园区绿色发展解决方案研究"。本书以"两观三性"理论中的"可持续发展观"为依据，将科技园区的价值目标与绿色方法、技术相融合，阐述如何令科技园区与自然和人建立和谐的关系，在考虑"时代性、文化性、地域性"的同时，实现科技园绿色发展之路。

  建筑离不开自身所处的地域、文化和时代。我多年来通过大量的建筑创作实践，不断探索和总结建筑地域、文化和时代相融合的思想，逐渐形成了"两观三性"建筑创作理论。本书正是基于"两观三性"的理论，以其中"可持续发展观"为主导，研究横琴科技园区的绿色发展路径，而书中介绍的一些作品也正是这种理念的应用和印证。

  科技园区是推动产业发展和科技进步的"综合体"，其共享式的功能模式、便利的交通组织和集约的建筑形态以及"以人为本"的环境特征，是研究的重点所在。

  我相信，本书的视点和成果能为绿色低碳的科技园区发展探寻出一条可资借鉴的道路。

2023年6月1日

前言

针对生态环境恶化和城市资源紧张引发的问题，以及科技产业复合化发展的需求，探讨科技园区的绿色发展路径是必要而有意义的。本书以"两观三性"的"可持续发展观"为理论基础，提出了绿色、生态、低碳的技术手段，构建了绿色、高效的运作系统。

本书包含了"两观三性"中"可持续发展观"、科技园区绿色发展相关的基本的理论知识，以及大量的实践成果。对于我国从事相关工作的管理者、设计者以及其他读者而言，相信本书能贡献一部分理论基础与应用指导，这也是本书撰写的最大目的。

感谢何镜堂院士为本书写序以及提供指导，感谢澳门大学第八任校长赵伟、《南方建筑》杂志邵松主编提出的宝贵意见。

著者
2023年6月

目 录

第一章 源于"可持续发展观"的宏观意义

第一节 "两观三性"之"可持续发展观"   002
    一、源于"自然观"   004
    二、臻于"生态观"   005
    三、衷于"发展观"   007
    四、"可持续发展观"是建筑绿色发展路径的价值目标   008

第二节 "可持续发展观"视角下的粤港澳大湾区城市绿色建筑创作实践   028
    一、地域适应——生态宜居的岭南建筑   029
    二、文化适应——传承创新的岭南文化   033
    三、适应时代——面向未来的岭南城市   036

第二章 基于"可持续发展观"的绿色解决方案

第一节 创建"可持续发展观"下的绿色发展路径   044
    一、"可持续发展"与"绿色"的关联   044
    二、建筑绿色发展路径的基本内涵   046

第二节 "生态、低碳、绿色"三位一体的设计方法 　　060
　　一、生态——平衡建筑生存基地 　　062
　　二、低碳——保护建筑生存环境 　　064
　　三、绿色——创造建筑与环境共生 　　070

第三章 "可持续发展观"下的高科技园区绿色发展路径

第一节 高科技园区的发展概述 　　078
　　一、高科技园区的发展历程 　　078
　　二、我国科技园区发展概况 　　079
　　三、高科技园区的发展特征 　　083

第二节 "可持续发展观"与高科技园区绿色发展的内在关联 　　085
　　一、城市转型绿色发展的新趋向——知识城市 　　086
　　二、高科技园区与知识城市的关联 　　089
　　三、高科技园区与知识城市规划的关联 　　091
　　四、高科技园区与城市可持续发展 　　093

第三节 可持续发展观下高科技园区的绿色发展模式 　　096
　　一、走向生态平衡 　　097
　　二、走向科学化 　　100
　　三、走向大众化 　　102
　　四、走向地域文化 　　104

第四节 可持续发展观下的高科技园区绿色实现路径 106
　一、整合协同 106
　二、绿色技术措施 108
　三、高科技园区可持续发展系统 115

第五节 基于可持续发展观的高科技园区绿色发展实践 118
　一、21世纪高科技园区绿色发展路径及其应用 118
　二、湾区高科技园区的发展实践 123
　三、高科技园区绿色发展实践的思考 132

第四章 根植"可持续发展观"的横琴科技园区理论实践研究

第一节 横琴科技园区绿色发展的融合理念 137
　一、总体规划 137
　二、多种空间发展模式的启示 140
　三、珠海横琴的创新空间规划与高科技园区绿色发展 141

第二节 横琴科技园区的"可持续发展"实践之道 144
　一、横琴科技园区的整体布局 144
　二、横琴高科技园区的可持续发展分析 149
　三、湾区横琴科技园区的绿色强度体系构建 163

第五章 总结与展望

　　一、总结　　　　　　　　　　　　　　174
　　二、展望　　　　　　　　　　　　　　177

参考文献　　　　　　　　　　　　　　178

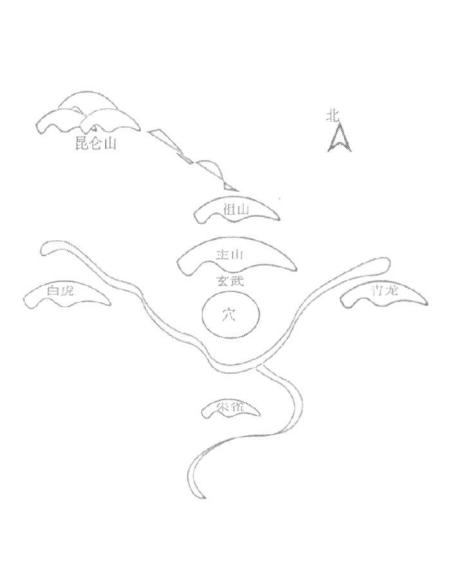

第一章 源于『可持续发展观』的宏观意义

第一节 "两观三性"之"可持续发展观"
DIYIJIE "LIANGGUAN SANXING" ZHI "KECHIXU FAZHANGUAN"

建筑理论的最高层次是建筑哲学思想，它是对于建筑的本体性质、属性、特点的看法和观点，是提出建筑理论的指导思想。[①] 第二个层次则是建筑理论本身，是在建筑哲学思想的指导下，基于对建筑本体的认识而提出的理论原理。第三个层次则是建筑技术方法，即建筑如何进行实践，以及提出技术方法方面的原则。

因此，诸多学者试图通过建筑哲学、理论模型、技术方法等寻找与"两观三性"理论的关联或映射关系，从而类推出"两观三性"理论的结构和逻辑特征。然后，在"两观三性"理论的结构和逻辑关系中，把握"可持续发展观"理论的内在逻辑特征和结构（图1-1）。本书遵循此逻辑关系，层层深入展开研究，下面就第一层次研究内容提出一些初步看法。

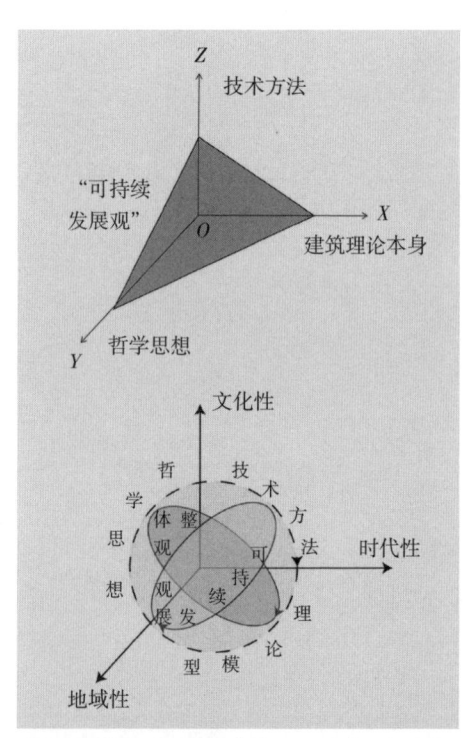

图1-1 "两观三性"建筑理论结构：体现"两观三性"的三维或多维意义

---

① 向姝胤，向科. 话语构建、理论框架、方法策略：浅析何镜堂"两观三性"建筑思想的三个维度[J]. 南方建筑，2021（6）：19-22.

> "两观三性"的建筑创作理论，即建筑要坚持"整体观"和"可持续发展观"，建筑创作要体现"地域性、文化性、时代性"的和谐统一。
>
> ——何镜堂

"两观三性"建筑理论是一个和谐统一的整体，其中建筑的地域性、文化性、时代性是一个整体的概念，地域是建筑赖以生存的根基，文化是建筑的内涵和品位，时代则体现建筑的精神和发展。

一个合乎逻辑的设计构思过程，常常是从地域中挖掘有益的"根基"作为设计的依据，从文化的层面深化和提升，与现代的科技和观念相结合，并从空间的整体观和实践的可持续观加以把握，创作出"三性"和谐的有机整体[①]（图1-2）。

"可持续发展观"是"两观三性"理论体系的实施路径，而"可持续发展"思想源于中国"天地和谐共生"的自然观。从建筑层面而言，自然观意在以"生态"的价值观，应对以生态环境为代价的城市建设，主张在有限的时空环境内，通过合理的设计分配，高效利用土地、生态、能源、景观、水、材料等资源要素，实现城市和建筑全寿命周期可持续发展的目的。

因此，从"两观三性"建筑理论体系中可以看出，"可持续发展观"涵盖了"自然观""生态观""发展观"的理念，其中的逻辑关系如图1-3所示。"自然观"是对人、建筑和自然的关系的重新审视，改变人对自然的态度，建立科学的价值观；"生态观"是对当代城市建设造成全球环境危机进行反思的

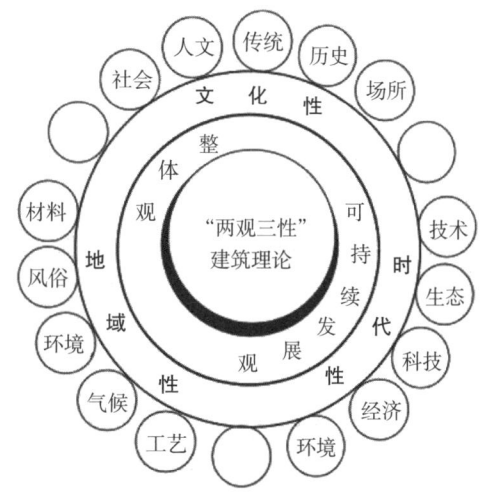

图1-2 "两观三性"有机整体
（根据"两观三性"建筑理论结构改绘）

---

① 陈纵. "两观三性"视角下的当代大学校园空间更新与改造设计策略研究[D]. 广州：华南理工大学，2020.

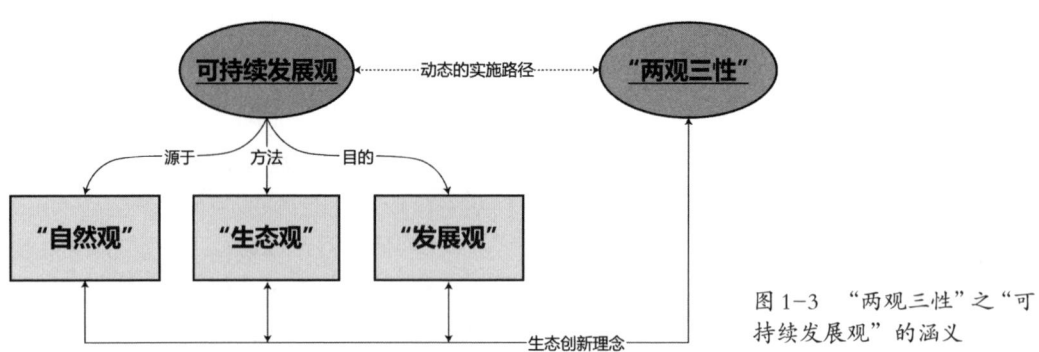

图 1-3 "两观三性"之"可持续发展观"的涵义

结果。所以,我们认为"自然观"是建筑可持续发展的逻辑前提,"生态观"是建筑实现可持续发展的实施路径,"发展观"是实现可持续发展的目的。可以说,"自然观"应当是建筑可持续发展路径的价值理想和哲学意义,因此"可持续发展观"应当是建筑生态与绿色发展路径中追求的价值目标。

一、源于"自然观"

中国先哲云,"一法得道,变法万千",这说明设计的基本哲理("道")是共通的,形式的变化("法")是无穷的。近百年来,建筑学术上,特别是风格、流派纷呈,莫衷一是,可以说是舍本逐末。为今之计,宜回归基本原理,作本质上的概括,并随机应变,在新的条件下创造性地加以发展。① "两观三性"是何镜堂院士的"道",也是华南建筑人正在努力实践的"道",因此"可持续发展"就成为动态万千的"法",也是可供其他建筑人参考的"法"。②

"两观三性"思想是何镜堂院士在创作实践中逐渐形成的设计理论。该理论以"天人合一"思想为精神内核,在

---

① 摘自1999年北京国际建筑师协会第20届世界建筑师大会公布的《北京宪章》。
② 周莉华. 何镜堂传[M]. 广州:华南理工大学出版社;北京:人民出版社,2015:5.

设计中追求"整体观、可持续发展观"和"地域性、文化性、时代性"的协调统一。

其中,"可持续发展观"归根到底就是创造条件,促进人与自然的协调,科技与文化的共同发展,回应了"天人合一"的自然观理念。

"自然观"的历史源远流长。中国早在2500年前就提出了"自然观"——"天人合一""道法自然"等宇宙自然观念的哲学思想。

譬如春秋战国之际,道家创始人老子提出:"故道大,天大,地大,人亦大。域中有四大,而人居其一焉。人法地,地法天,天法道,道法自然。"其意思是,宇宙万物(包括天、地、人)的演变都要服从自然规律。老子学说,其核心是以"道为本体说明世界","道"即客观自然规律。庄子继承和发展老子"道法自然"的观点,强调事物自生自在,否认有神的主宰。西汉独尊儒术的董仲舒提倡天人感应,先秦诸子倡导的"天人合一"之说开始成为有系统的学理,进一步阐述了自然的天道与人事合而为一。到了三国时期,何晏、王弼以老庄思想注入儒家经典,杂糅儒道,融合老、庄、周易三者思想,崇尚自然,提出"万物皆自然"。"崇尚自然"的哲学思想就这样延续发展下来。儒、道、佛、玄学都尊重"自然",这是其共同点,但具体的思想反映是不同的。儒家认为自然是道德精神的象征,道家认为人与自然合一可获得自然生命和自有愉悦的感受,佛教的看法是自行解脱得到超越凡夫心识的自在,玄学则认为自然是自我人格理想的实现。从精神层面来看,自然的艺术化形象可反映人们的情思、意念和格调。

因此,中国城市与建筑建设在"自然观"的熏陶下,遵循着"尊重自然,与自然共生、协调发展"的原则。除此之外,国外部分国家亦如此,就像古罗马的建筑学家维特鲁威曾说:"自然哲学可使建筑气宇宏阔。"事实上,建设是以哲学思想认知为指导的。

二、臻于"生态观"

> 建筑的生态及诗意或崇高的感觉不是靠隐喻获得的,而是依据现有的条件给出自己的回应。
> ——杰克·戴蒙德(Jack Diamond)

可持续性发展即是生态的标线。"生态"价值观运用在城市与建筑的营建中，表现为运用天文、地理等自然界事物及其发展变化的客观规律进行城乡规划与建设。

在历史长河中，人们臻于"生态观"，将成功的案例探索转化为经验值，指导房屋建设或规划建设。

我国古时的"生态专家"大多根据客观的地理条件进行建设。我国位于亚洲东部、太平洋西岸，地貌是西高东低，山脉走向以东西、东北至西南两种方向为主，主要河流均自西向东、横贯东西，冬季干冷的寒风从西北方向的西伯利亚和蒙古高原吹来，4月与9月受东南方向海洋上吹来的暖湿气流影响。因此，我国建筑科学的选址要满足以下条件：西、北面要有较高的山，以挡住冬季干燥的寒风；东、南面则要有开阔的平地，以获得充足的日照阳光；在开敞的平地上要有河流穿过，以供人们和动植物用水，还可以起到便利交通、调节气候、创造景观、平衡生态的作用。这就是中国自然天地的基本特点和对城市、建筑选址的要求。

以上选址规则也就是建筑"风水"理论中提出的"五诀"——寻龙、察砂、观水、点穴、择向。寻龙，就是要在城市或村镇西、北面有较大的山脉或山体；察砂就是在城镇前后左右四个方位要有砂山，北面玄武位山体要大，南面青龙位、西面白虎位的山体要小；观水就是在穴位前要有流水穿过；点穴是在玄武位南、四个方位砂山间点出空间环境最佳的穴位，这里生气聚集，地平开敞、背山面水、山水环抱；择向就是坐北朝南，负阴抱阳。本书重点案例横琴科技园区的选址与自然的关系就遵循此原则（图1-4）。人生活在自然的天地间，一直寻找生态环境良好的生存空间，在崇尚自然、人与自然共生的观念指导下，顺应天道（日照、风流、气象）、地道（大地、山水、地貌），希望创造融于自然、城市与自然共生的空间环境。

对于我们的"生态观"——"城市与建筑同自然共生"的观念，英国学者李约瑟在其编著的《世界大百科全书》中称之为"中国的建筑精神"，写道："再没有其他地方表现得像中国那样热心于体现他们伟大的思想'人不能离开自然环境的生态'原则，这个人并不是社会上可以分割出来的人。皇宫、庙宇等重大建筑物自然不在话下，城乡中不论是集中的，还是散布在田庄中的住宅也都经常地出现对'宇宙图案'的感觉，以及作为方向、节令、风向和星宿

图1-4 选址原则示意图

的象征意义。这是中国人和自然结合的象征主义和对'宇宙图案'的感觉。"

亦如著名历史学者许倬云认为：比个人更长久的是政治，比政治稍微长久的是经济，比经济长的是社会，比社会长的是文化，比文化长的是生态自然。中国人过日子，都是与地域环境融合的，遵循二十四节气的规律。与西方注重个体灵魂与信仰不同，中国人注重的是生命的气，即人的精气神，追求天地正气，将宇宙的变化融合在人的精神里，这就是人的生命力。人的生命力源泉，就是与宇宙万物融合，这是一种朴素的"生态观"。"可持续发展观"强调人与地域环境共生协调发展，所以蕴含了"生态观"哲学涵义。

三、衷于"发展观"

> 建筑的形态是大地的形态，因为它的结构是由人类改良的。
> ——文森特·斯卡利（Vincent Scully）

保护生态环境，实现可持续发展是21世纪人类面临的最大挑战之一。"两观三性"中的"可持续发展观"就是指建筑不但要满足现代人的使用要求，而且要有利于子孙后代的可持续发展。[①]

因此，在当前全球生态危机和人类生存危机并存的背景下，坚持发展的科学理念，就是在新的时代条件下，坚持

---

① 赵安启，周若祁. 绿色建筑的人文理念[M]. 北京：中国建筑出版社，2010.

了马克思主义的辩证唯物主义自然观，坚持了"可持续发展"的辩证思维，这是对建筑绿色发展路径的思考。"可持续发展观"的最终目的在于"发展观"，其哲学意蕴成为科学的、现实的价值取向，便于为人们接受，这有利于缓解全球生态危机和人类危机，同时也有利于环境哲学领域的研究。

西方出现人类中心主义与非人类中心主义新的二元对立，即人类主义和非人类主义分别从人类利益和自然利益出发，把人和自然截然分开，这显然是二元对立的思维模式，展现出非此即彼的取舍价值观。而"可持续发展观"理念超越了人与自然二元对立的思维方式，既可以改变人类中心主义拒斥和奴役自然的错误立场，又可以纠正非人类中心主义忽视人的利益的空想主义偏颇，这种理念既重视人的利益、人的价值，又强调生态整体平衡的利益和自然价值，追求人与自然和谐共生，协调持续发展。

由此可见，可持续发展是实现绿色、生态平衡的路径，衷于发展；也证明"可持续发展观"是绿色发展路径的价值目标。

四、"可持续发展观"是建筑绿色发展路径的价值目标

> 一个单一、明确、纯粹的形式可以使一栋建筑具备明显的特征。在一个项目中，主题必须贯穿始终。
> ——弗兰克·劳埃德·赖特
> （Frank Lloyd Wrighe）

"自然观"是指导建筑绿色化的最高准则，而实现这一准则不是一蹴而就的，必须结合建筑的绿色发展路径而渐渐达成。换言之，建筑的绿色价值理想是需经过价值目标的设置来具体展现的。如果说建筑的绿色价值理想是对建筑绿色化的界定，可持续发展则属于建筑绿色化路径的实现轨迹和预期效果。如今，建筑业正由传统高能耗、高污染的发展模式转型为高效生态、绿色低碳的发展模式，建筑绿色化正是实施这一转变的必由之路。相对传统建筑而言，建筑绿色化是对资源的关注、对环境的友好，体现出的正是可持续发展的理念。因此，应当明确，在当前科技水平的基础上，在"自然观"的思想指导下，建筑的绿色发展路径具有现实操作

性的价值目标就是"可持续发展"。与之相关的绿色建筑发展的理想与现实,属于建筑绿色发展的基本目标定位。①

(一)"可持续发展"理念的发展

"可持续发展"作为人类社会一种全新的经济社会发展理论和发展战略,其演变大致经历了四个阶段:①20世纪初一部分发达国家开展了自然保护运动,此时处于自发阶段;②20世纪60年代西方学者开始对人类长远经济发展予以关注和研究,此时处于自觉阶段;③20世纪70—80年代初期,学界围绕罗马俱乐部提出的"增长的极限"进行讨论,产生了可持续发展理论;④20世纪80年代中期至今,这一理论得到进一步完善,成为全人类共同的发展战略(图1-5)。在这四个阶段中的相关成果见表1-1。

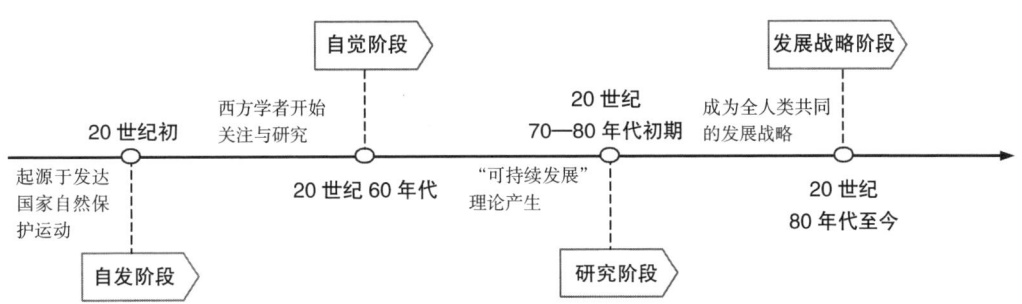

图1-5 "可持续发展"理念的发展阶段

表1-1 "可持续发展"理念发展阶段中的相关成果

时间	作者	名称	简介
1962年	[美]雷切尔·卡逊	《寂静的春天》	该书是具有划时代意义的绿色经典著作,由于它的广泛影响,美国政府最终改变了当时的农药政策,并于1970年成立环境保护局。这标志着人类把对生态环境问题的保护与关注提上了议事日程

---

① WITOLD RYBCZYNSKI. How architecture works[M]. 金政延, 译. 杭州: 浙江教育出版社, 2019.

（续上表）

时间	作者	名称	简介
1972年	[美]米都斯教授	《增长的极限》	书中应用系统动力学方法建立模型，认为如果世界人口、工业增长、粮食生产、资源消费和环境污染五个参数按现在趋势不变，直到21世纪，可耕地面积下降、生产衰落、非再生资源耗竭、经济增长就会达到极限。为避免人类社会"灾难性的崩溃"，罗马俱乐部提出经济"零增长"模式，以便创造一种可以长期保持生态稳定和经济稳定的条件
1972年	—	《人类环境宣言》、"只有一个地球"口号	联合国人类环境会议在瑞典斯德哥尔摩举行，首次提出"可持续发展"问题并提出了"只有一个地球"的口号，还发表了《人类环境宣言》，宣言呼吁各国政府和人民为改善环境、拯救地球、造福全体人民和子孙后代而努力
1987年	世界环境与发展委员会	《我们共同的未来》	1983年召开的第38届联合国大会通过了成立世界环境与发展委员会的决议，1984年5月该委员会正式成立。1987年该委员会提交了《我们共同的未来》，该报告成为世界各国在环境保护和经济发展方面的纲领性文献
1992年	—	《里约环境与发展宣言》《21世纪议程》	1992年6月在里约热内卢召开了联合国环境与发展大会，会议认识到工业革命中"高生产、高消费、高污染"传统发展模式的弊端，主张为保护地球生态环境、实现"可持续发展"形成"新的全球伙伴关系"，并签署《里约环境与发展宣言》《21世纪议程》两个纲领性文件。本次会议是人类改变传统发展模式和生活方式，走"可持续发展道路"的一个里程碑的会议

1. "可持续发展"的基本涵义

"可持续发展"在《我们共同的未来》中被阐述为"既能满足当代人的需求，又不对后代人满足其需要的能力构成危害的发展"。在这个概念中，可持续发展至少包含两个基本点：一个是"需求"，必须满足当代人的基本需求，尤其是世界上贫困人民的基本需求，应当将此放在特别优先的地位来考虑。显然，这个概念基于人类的公正原则，可作以下解读："人类需求和欲望的满足是发展的主要目标""假如增长的内容反映了可持续性的广泛原则以及不包含对他人的剥削，那么可持续发展就能与经济增长相一致"。[①]另外还有"限制"，即不损害后代满足自己需求的能力，服从"技术状况和社会组织对环境满足眼前和将来需要的能力施加的限制"。从可持续发展的定义中，可以看到可持续发展的主要内涵（表1-2）。

表1-2 可持续发展的主要内涵

序号	主要内涵	解读
1	可持续发展突出强调的是发展，把消除贫困当作是实现可持续发展的一项不可缺少的条件	无论发达国家还是发展中国家都享有平等不容剥削的发展权利，特别是对发展中国家来说，发展权尤为重要。目前发展中国家正受着贫困与生态恶化的双重压力，贫困是导致生态恶化的根源，生态恶化又加剧了贫困。因此，对于发展中国家来说，第一位是发展，只有发展才能解决生态危机并提供必要的物质基础，也能最终摆脱贫困
2	可持续发展强调是经济、社会、环境的协调发展	从一定的意义上说，以往的发展观只是强调工业化发展。在环境问题的背后，经济因素始终是第一位的，似乎生产发展、经济增长和社会进步是同义词，传统工业化发展以追求经济效益为目标和动力，将工业和经济增长率视为社会发展水平的唯一尺度，追求GNP是实现现代化的标志，没有考虑环境承载力和生态的可持续限度，因此，传统发展观所注重的经济繁荣带有很大的虚假性 可持续发展突破了把经济和技术增长作为社会发展充分内涵的传统观念，特别关注的是各种经济活动的生态合理性，强调用社会、经济、文化、环境、生活等多项指标来衡量发展。总之，可持续发展把社会发展理解为人的生存质量及自然和人文环境的全面优化

---

① 摘自1987年世界环境与发展委员会关于人类未来的报告《我们共同的未来》。

（续上表）

序号	主要内涵	解　读
3	可持续发展强调"代内公平"和"代际公平"	目前国家间产生利益冲突的原因之一就是贫富差距，这就涉及代内公平问题。所谓代内公平，是指当代人在利用自然资源满足自己利益的过程中要体现出机会平等、责任共担、合理补偿，即强调公正地享有地球，把大自然看作是当代人共同的家园，平等地享有权利，公平地履行义务 可持续发展还强调代际之间的机会均等，指出当代人享有正当的环境权利，即享有在发展中合理利用资源和拥有清洁、安全、舒适的环境的权利，后代人也同样享有这些权利。这一代人不能滥用自己的环境权利，不能一味片面地追求自身的发展和消费，而剥夺了后代人应享有的发展与消费的机会，应该要把环境权利和环境义务有机地统一起来，在维护自身环境权利的同时，也维护了后代人的生存与发展权利
4	可持续发展强调树立新的生产、消费观	可持续发展要求人们在生产的期间尽量少投入、多产出，在消费时尽可能地多利用、少排放。因此，需要将高消耗、高投入、高污染、高消费带动和刺激经济高速增长的发展模式，转变为依靠科技进步和提高劳动者素质来促进经济增长的新模式。只有大量研发、应用和普及先进生产技术，才能使单位产量的能耗、物耗大幅度下降，才能不断开拓新的能源和新的原材料，也才能实现少投入、多产出的生产方式，进而减少经济发展对资源和能源的依赖，减轻对环境的压力。同时，要通过道德的引入来降低我们对消费社会的消耗水平。这是一个理想主义的建议，尽管它与几百年来的潮流相抵触，然而它可能是唯一的选择
	可持续发展要求人们必须彻底改变对自然界的传统态度	建立新的道德和价值标准，不再把自然看作是被人类随意剥削和利用的对象，而是看作人类生命的源泉和价值的源泉。美国前副总统阿尔·戈尔曾说："产生这种冲突，主要是人类与地球的关系发生了本质的变化。第一，人口的爆炸；第二，科技革命，人类控制自然的能力和影响我们周围世界的能力有了巨大的增长；第三，思考人类同环境的关系时思维方式发生了改变，但却不是往好的方向发展

2. "可持续发展"的基本原则

> 人类处在关注持续发展的中心。他们有权同大自然协调一致从事健康的、创造财富的生活
>
> —— 摘自《里约环境与发展宣言》原则一

1992年《里约环境与发展宣言》与《21世纪议程》的发布，反映了环境与发展领域国际合作的全球共识和最高级别的政治承诺，也为人类在全球推进持续协调发展战略提供了行动准则。《21世纪议程》宣称：人类正处于历史的抉择关头。要么我们继续实施现行政策，保持国家间的经济差距，加剧贫困、饥饿、疾病等全球性问题，继续使我们赖以生存的地球的生态系统恶化；要么我们改变政策，改善所有人的生活水平，更好地保护和管理生态系统，争取一个更为安全、绿色、可持续发展的未来。"可持续发展"的基本原则见表1-3。

综上所述，可持续发展是一种新的发展战略，从本质上说，它是人类发展模式的一次历史性的转变，也是人类生产方式、消费方式乃至思维方式的革命性变化，这种可持续性必然要求在时空上体现人类部分与整体、眼前与长远、这一代与下一代、当代与未来利益关系的有机统一与协调。可持续发展最初以环境保护为目的，直至成为社会经济发展的总体战略，必将对人类未来发展产生深远的影响。

表1-3 可持续发展的基本原则

序号	基本原则	涵义
1	公平性原则	指机会选择的平等性，实际上包含机会公平和实际公平两重含义
2	可持续性原则	可持续发展应包括经济的可持续性、社会的可持续性和生态的可持续性，经济增长应体现公平与效率的统一
3	共同性原则	指可持续发展作为全世界发展目标的共同性和为实现这一目标全世界采取联合行动的共同性，各国因共同性原则形成"新的全球伙伴关系"
4	整体协调性原则	包括人与自然的协调，经济发展与生态环境的协调，人口、经济发展与生态环境的协调

在建筑创作领域，"两观三性"中的"可持续发展观"蕴含哲学思想以及理论意义，是由"自然观"的哲学思想引出的建筑理论，是在"生态观"理念指引下人类环境建设绿色营造的必选道路。"自然""生态"的"可持续发展"，是环境建设绿色发展路径的价值目标。

"建筑不是时装，可以年年换。"何镜堂院士说，"作为一种物质性活动，建筑和城市建设需要消耗大量的资源，例如土地资源、能源资源、水资源以及社会人力和经济资源。如何在尽量少的资源消耗下产生尽量大的社会、经济、文化效益成为当前建筑设计与城市设计必须考虑的内容。显然，过去'高投入、高消耗、高污染'粗放型发展之路在当代已成为落后的代名词，我们需要真正走向生态可持续发展。"①

"可持续发展观"以辩证思维看待事物，系统把握研究方法，以创作出适应时代发展的绿色生态平衡路径。②

当今，评价一个城市规划与建筑设计营造是否先进，主要是着眼于生态理念及其实施的结果标准，评价标准中的"生态可持续"包括自然生态与社会、经济、文化的生态平衡发展，四者相结合，相互依赖，互相补充，达到城市与建筑可持续发展的目的。因为可持续发展是系统的、综合性的，只有包含了自然、社会、经济、文化等内容，才能真正实现互补互动，协调发展。可持续发展是21世纪中外城市与建筑的发展方向，是判断城市与建筑是否符合先进的标准。我国城市与建筑要达到可持续发展的目的，必须要全面落实科学发展观，贯彻中央宏观调控的各项措施，控制建设规模，节约各项资源，改善人居环境，维护社会稳定，构建和谐社会。

（二）自然生态——可持续发展的生产力

自然生态平衡，这是可持续发展的物质内容，要充分发挥科学技术是第一生产力的作用，采用高新技术、适宜技术、传统技术，使城市工程技术、建筑技术为自然生态的可持续服务。自然生态平衡也是考察城市与建筑的发展是否先进的关键内容。要在城市与建筑领域实现自然生态平衡，具体的理念和方法如下。

---

①② 周莉华. 何镜堂传[M]. 广州：华南理工大学出版社；北京：人民出版社，2014:5.

1. 城市群的网络化布局

在大城市、特大城市需要发展的前提下，应辩证地思考其发展理念：一种是"大饼式"或带状无限延伸；另一部分是分散、多中心形成的网格式城市群。前一种实践结果是城市自然生态平衡失衡、人口密集、交通拥堵、热岛效应强烈、环境污染，同时还存在许多社会、经济、文化方面的困扰，因而后一种逐步升级为更具有生态平衡意识的理念，并在实践中取得一定成就。[①]广州市总体规划很早以分散、多中心组团的发展方向，形成"主城区—副中心—外围城区—新型城镇—乡村"的城乡空间网络体系，避免了人口过于集中，使城乡空间联动发展。2018年2月25日，广州市国土资源和规划委员会发布了《广州市城市总体规划（2017—2035年）》（图1-6），是根据广州的地域文化性质和经济发展动态，尊重自然生态平衡，按分散、多中心的网络化城市群的理念规划发展的。

2. 融合自然绿地空间系统于城市

工业时代是开发自然资源的时代，城镇的建立与发展侵占了大量的自然空间。随着人类社会逐步向信息化、知

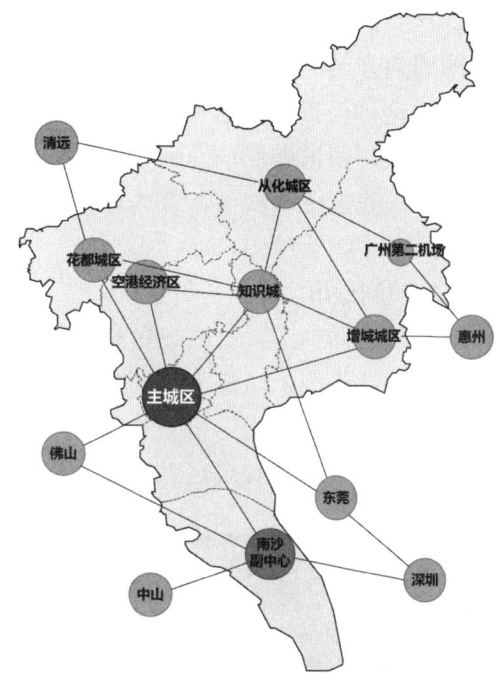

图1-6　广州市总体规划图（2017—2035年）

识时代过渡，城镇的规划建设应该以保护、管理自然资源为基础，与自然空间共生、互融，从而实现"以人与自然共生为本"的理念。在城区内部，应将自然绿地空间融入城市，以提高城市自身生态环境质量。2014年，何镜堂团队被委托负责世界反法西斯中国战区胜利纪念馆工程。场地的中心为向心聚合的椭圆形广场，椭圆的长轴为东西向，与东

---

① 张祖刚. 建筑科学文化广角论[M]. 北京：中国建筑工业出版社，2014.

面悼代英烈士殉难处的轴线呼应，广场的四周为开阔的草地树林，供市民休息活动。这种与自然共生并与人类活动共融的做法，使世界反法西斯中国战区胜利纪念馆完全融入城市，并为城市提供了自然绿地空间（图1-7）。

3. 控制城市污染因子数量

汽车的行驶、设备的超负荷运转以及城市的建设等，造成大气污染，加上其产生的噪声、飞扬的粉尘，都影响着人的身体健康，对城市自然生态环境造成极大破坏，这是大城市常见的通病。而解决这些问题的根本途径，就是控制城市里的污染源，从源头解决问题，需制定一定的规章制度，使城市发展与自然生态保持平衡。

4. 自然绿化融入建筑

自然绿化融入建筑表现在两方面。一方面，许多城市在发展各具特点的公共建筑绿地花园，将这些建筑群建成绿园。如中山市的许多工厂都建成了花园式工厂，其绿地树种的选择充分考虑了

图1-7 世界反法西斯中国战区胜利纪念馆
（图片来源：华南理工大学建筑设计研究院有限公司何镜堂创作室）

植物净化大气的作用。上海市对屋顶绿化给予了法律的支持，成为我国第一个以立法形式规范屋顶绿化的城市，现在已在其他城市普及。

另一方面，不仅建筑外边有绿化庭院，而且在一些公共建筑或住宅中也发展绿园，将绿园布置到建筑里面。如英国著名建筑师诺曼·福斯特在设计拥有室内花园的德国法兰克福楼时采用炮弹外形，其流线可最大程度减少风的阻力，加大室内的通风量，此外，楼内还布置了多个绿园，很好地融入了自然生态。

5. 充分利用和保护使人身心健康的自然元素

我们曾多次提出要重视利用自然的"土、木、风、光、气、材"，结合中国实际情况，具体内容如下：土，因地就势，土生土长，利用地热，保地不沉；木，大量植树，改善环境，融入园林，生态平衡；风，隔断风沙，自然通风，利用风能，预防风灾；水，采用中水，利用雨水，处理污水，落实节水；光，减少灯光，控制阳光，自然采光，光转化能；气，减少污染，空气清新，气流通畅；材，就地取材，天然环保，发展木材，发展土材。实现上述内容，需要一定的经济投入和时间，但可以先建立起充分利用自然、保护自然的理念，再逐步通过实践，做到城市和建筑与自然共生，创造出使人身心健康、与自然生态平衡的生活与工作环境。

下面以3个实例来说明上述内容：

（1）西汉南越王墓博物馆

20世纪中国著名考古发现之一的西汉南越王墓，具有非常高的历史价值。西汉南越王墓博物馆的设计难点在于既要突出古墓的主题，保持遗迹的历史纯洁性和历史可读性，亦要遵循当地气候环境以及地域场景。在构思西汉南越王墓博物馆的设计时，主馆体型从中国和埃及的古建筑中汲取精华，入口处借鉴中国传统基座的重台叠阶，建筑立面借鉴汉代的石阙和古埃及的阙门，作为历史延续的表现。在设计中，为保持遗迹的历史纯洁性和历史可读性，以及与当地气候环境和地域场景的平衡，从基座本身到群体设计遵循遗迹与新构筑物外观明显区别的原则，在建筑群体或个体风格上以现代主义为基调，充分考虑了博物馆的历史文化属性，探索多元建筑文化的沟通，包括古典主义、民族传统以及地方特征。总体布局糅合古典原则与现代手法，采取轴线对称的构图，结合山坡环境特征，按人流参观路线，因势利导，依山建筑，拾级而上。将展馆—墓室—扩展展室三个不同序列

图1-8　西汉南越王墓博物馆

的空间,以浑厚庄重的石阙门为开始,通过重台叠阶、蹬道、环绕的回廊,以简洁明朗、具有时代感的空透圭形坊洞结束,连成一个有机的整体,构筑了古墓博物馆的整体形象和环境气氛(图1-8)。西汉南越王墓博物馆建成后,被业界评价为"传译两千年前的历史文化"的力作,是一组尊重历史、尊重环境、功能合理、造型与历史文化内涵相沟通、体现现代建筑特征的古墓博物馆,以其很高的文化品位被评为20世纪世界优秀建筑精品。

(2)华南理工大学逸夫人文馆

为实现"人、自然、建筑"共生共融,在尊重场地"土、光、水"等因素的基础上,逸夫人文馆的设计主要以"少一些,空一些,透一些,低一些"为原则:"少一些",以简洁表现求真

务实的态度;"空一些",以空间形成景观交汇的视觉走廊;"透一些",以通透的界面引导室内外的交流;"低一些",以适度的体量产生环境亲和力。力求创造空灵通透、典雅、端庄、节能高效的岭南新建筑,并通过人在建筑中穿行和使用达到在这一特殊场所中人、自然、建筑的共生。在这里,水池自然转折,并利用地势的变化产生跌水;光是体量表现的重要因素,它引导出建筑空间上的穿透性与流动性,呈现出现代建筑大师勒·柯布西耶所提倡的"绿色、阳光和空间"。2008年,华南理工大学逸夫人文馆荣获国家优秀设计金奖。该人文馆是综合运用"两观三性"的建筑理论体系的成果,在适应亚热带气候和环境,体现现代岭南建筑特色等方面有新的突破,被建筑界认为是岭南新建筑的又一代表作,得以高度评价,达到"国际先进水平"(图1-9)。

(3)大厂民族宫

大厂民族宫(图1-10)位于河北省廊坊市大厂县。大厂民族宫在汲取大厂当地建筑文化的同时,融合了中国各民族文化建筑气质,运用传承与创新的手法,把中国传统文化与现代技术相结合,打造出面向世界的一张特色文化名片。设计在把握宏观关系下,梳理出微

第一章 源于"可持续发展观"的宏观意义 | 019

图 1-9 华南理工大学逸夫人文馆
（图片来源：华南理工大学建筑设计研究院有限公司）

图 1-10 大厂民族宫
（图片来源：华南理工大学建筑设计研究院有限公司）

观的区位环境与建筑的关系，整个建筑位于水系之中，形成大厂民族宫特有的场所精神，形成文化之岛，从而寓意着"东方明珠"。而建筑主体则如融合中华民族之髓的明珠，镶嵌在大厂这片沃土之上。每当华灯初上，主体建筑流光四溢，璀璨夺目。建筑造型大气凝练，气势恢宏，体现了中华民族包容、创新与自强不息的核心价值。在建筑基座周围有由精美隽秀的花瓣式门洞形成的柱廊空间，象征各个民族之间的团结与共荣。大厂民族宫从方与圆的几何形体结构出发，采用传统的建筑组合方式打造端庄隽秀的建筑形象。其中建筑基座方正稳重，圆形主体高耸入天，形成天接地之势，并表明了"天圆地方、天人合一"这一中国传统哲学思想。

（三）社会生态——可持续发展的驱动力

> 动物仅仅利用外部自然界，简单地通过自身的存在在自然界中引起变化；而人则通过自身所作出的改变来使自然界为自己的目的服务。
>
> ——恩格斯《劳动在从猿到人的转变过程中的作用》

社会生态理念的核心在于面向公共大众，为人类服务，要使人类的社会健康地向前发展。

1. 社区的可持续发展

在发展第一、第二产业的基础上，我国的城市不同程度地发展第三产业，包括商品流通、经贸、金融、保险、服务业、社会服务、旅游、文化、卫生、保健等，从事第一、第二产业的人数比例将逐步减少，从事第三产业的职工不断增加，这是产业发展的正常现象。这种变化也给城市带来了改变，就是要发展社区的多元化功能，即社区不仅拥有居住功能、配套的公共服务设施，还要根据具体情况安排无污染的第三产业建筑和一些中小型企业。

2. 交通的可持续发展

交通是城市的血液，贯穿着城市的每一个角落，如果城市交通不畅，就会成为危及城市的生命系统。因此，应以广大城市居民的利益为"需"，以"发展"为要，遵循以公共交通为主、小汽车交通为辅的原则，解决交通"难"的问题，并在此基础上，创新发展无污染的交通方式，如新能源汽车、智能地下交通等，加以实施优质的交通规则，推动交通的可持续发展。

3. 住宅的可持续发展

现如今政府提倡发展经济适用房，就是为了建设好大众所需要的住宅，所以应采用适宜的技术与方法，面向广大不同层次的家庭群众，完成住宅社区的规划设计和建设。解决不同层次家庭的"住"的问题，是社会可持续发展的基础，也是社会可持续发展从"量"到"质"的转变路径。

4. 公共活动空间的可持续发展

城市是为城市居民所服务的，城市的发展应逐步实现除军事用地、私人住宅外的空间都对公众开放。城市的发展，必然会增加为大众服务的公共活动空间，并扩大向大众开放的建筑空间，以提高大众的生活质量，这是工业社会向知识社会过渡的重要内容之一。在向知识社会发展的过程中，在公有、私有或团体所有的办公或活动之处，亦有布置向大众开放的食堂、礼堂、图书馆和花园等公共活动空间的职责，供城市居民、观光者、过路人使用，这是社会进步的一个特征，因此，应重视这一方面的建筑文化的发展。

5. 政策的可持续发展

上述4点解决民众"就业、行、住"等问题的建议都需要政策的倾斜，市场是解决问题的途径，但必须要与政策控制相结合。住建部提出控制大型公共建筑和高档住宅的建设量，要重视集约适合大众需求的住宅，这一政策得到广大城市居民的赞同和支持。现各地政府针对这个问题提出的政策支撑，是维持社会平衡发展的重要支柱，也是决定城市可持续发展的关键。

（四）经济生态——可持续发展的源动力

> 一种风格会经历从诞生到成熟，然后年老，直至死亡的过程，最后被新的、有活力的后来者所取代。
> ——乔尔乔·瓦萨里（Giorgio Vasari）

发展经济是促进社会前进的根本，生态、社会、文化的发展，都需要经济的力量。但经济的发展，不能片面地只顾眼前的利益，必须同自然、社会、文化相结合，实现综合的、生态的可持续发展。

1. 开发利用与环境保护协调发展

过往的经济发展以牺牲环境为代价，与"可持续发展观"相悖，于长远发展来看，此方式不可取。因此，针对以污染环境为代价的发展问题，作出开发利用与环境保护协调发展的策略，是从长远且高站位的视角为未来道路谋发展。①

就城市建筑而言，应同样坚持以开发利用与环境保护协调发展为原则，并不失适用、经济、美观三原则。举一实例说明：20多年前，美国建筑师埃森曼就为德国柏林市设计过一幢马可斯莱因哈特大楼，功能为商务办公、酒店、体育健身、新闻发布、影视和声像服务等，是一个标志性建筑（图1-11），但后来因造价高而未实施。连发达国家都认为造价过高，我们更不应该耗费巨资造此技术不成熟的建筑体，而应以适合本地条件，符合适用、经济、美观三原则为选择标准。

图1-11　马可斯莱因哈特大楼方案

2. 建筑技术适时发展

英国著名建筑师诺曼·福斯特设计的德国国会大厦、英国伦敦市政厅大楼和伦敦瑞士再保险公司总部大楼（Wwiss Re Tower）等建筑，都是具备高技术含量的生态节能建筑，效果好，但建造投资高。我们只能在一些重点特殊的工程中采用这种做法，大量的建筑还需要采用适宜的技术，适应时代发展，即在传统技术的基础之上加以改进提高，创新出适应时代发展的技术，以适合我们的经济条件以及社会发展。

3. 节能、节地、节水、节材

中国虽然地大物博，但人口众多，按人均计算下来，我们应属于资源匮乏的国家。因而在城市与建筑发展中，必须要节能、节地、节水和节材。从当前情况来看，节能，包括建筑中被动节能和主动节能，要使建筑舒适且绿色；节地，新开发的建设用地要少而适当，"十四五"规划里充分体现了节地的重要性；节水，要大力发展中水利用和雨水储存及应用；节材，要就地取材，充分利用地方材料和旧有材料，以及创新出无污染的新型材料。

---

① [日] 大西正宜.建筑与环境共生的25个要点[M]. 胡连荣，译. 北京：中国建筑工业出版社，2010.

4. 环保产业生态发展

各地在产业经济发展和城市现代化建设过程中，为了生态平衡、可持续发展的需要，要重视发展生态环保产业，国家政策也向这一产业倾斜，给予支持优惠，促进其发展。该产业的具体内容十分广泛，既包括发展生态环保的建筑材料、构造、设备，还包括发展金属、木材、玻璃、砖瓦、混凝土等可回收再造的建筑材料。此外，还要发展可以净化大气和水体的林木、草皮与防止大气污染、水体污染、噪声的设施，发展在社区、小区内就地进行垃圾分类及处理的设施和城市防灾、除雪设施以及其他环卫设备等。

5. 文旅产业生态发展

我国拥有悠久的历史，遍布着形态各异的历史文化名城和传统建筑、壮丽秀美的自然山川景观、丰富多彩的民族风情，这些都是我们的资源。应充分利用这些资源发展文化、旅游产业，从而带动旅馆、餐饮、商场购物、交通发展，产生多方面的经济效益，而这些都是国民经济收入的重要组成部分。所以我们应重视保护和发展文化资源，严禁破坏这些文化资源。

（五）文化生态——可持续发展的原动力

> *如果我们挑战过去，就会明白，那种属于我们时代风格已经出现了，而且这场革命已经发生。*
>
> ——勒·柯布西耶（Le Corbusier）

在当今世界经济一体化的大背景下，不要错误地认为世界城市与建筑也要一体化，我们要强调发展城市与建筑的地域文化，发展文化的多样化，保持地方特色。现在的问题是城市与建筑缺少文化底蕴，各地拆除历史文化街区过多，南北城市千城一面。要解决这个问题，就要重视保护有价值的城市历史文化街区，重视传承，突出和利用各城市自然与地貌的特征；新建筑要采用先进的适宜技术，做出自己的特色，创造"新而中"的中国城市与建筑文化，实现城市与建筑的文化生态平衡。

城市与建筑是历史的缩影，保留历史文化街区与建筑是现代健康城市建设的一项重要内容，其历史文化价值是任何新建筑都无法代替的。

（1）文化富有个性且多样化发展

不少城市与建筑存在着文化多样性

的特点，除了空间布局、材料结构、雕饰绘画、色彩花木等文化特点的发展与变化外，还有与外来文化的交流融合。对外交往较多的城市，其文化多样性更为突出，如西安、北京、广州、泉州等城市，除了有受佛教文化影响的建筑，还存在着伊斯兰教、基督教建筑。历史上的西安、敦煌等，有中原同西域融合的建筑和音乐舞蹈文化，敦煌莫高窟第112窟反映现实生活的"伎乐图"就说明了这一融合文化的特点。河北承德的外八庙建筑群，是汉藏建筑文化融合的一个实例。在近代半殖民地半封建社会时期，青岛、上海、天津、武汉等城市，建造了许多德国、日本、英国、法国等国家式样的建筑群，使这些城市建筑具有文化多样性的特点。这些建筑是城市发展历史的一项内容，具有历史文化价值，又可为今用，所以，保留城市建筑文化的多样性是坚持城市发展地域个性的一项措施。

建筑的可变性以及易变性，可增加各地建筑的多样性特点，亦是建筑向多元化发展的路径之一。我国历史上就有"舍宅为寺"这种改变建筑性质的做法，除此之外，建筑的可变性还表现在建筑室内空间上。如200多年前建造的巴黎凡尔赛皇宫，观众厅可以升降，升到同舞台等高时，可作宴会厅、舞厅、庆祝活动之所使用；凡尔赛小特瑞安农园的一个厅窗亦可以升降，夏季透明，自然通风采光，将室外花园景色带入室内，冬季升上实木窗墙，挡风保暖。2011年，由何镜堂院士设计的上海交通大学钱学森图书馆通过光变化产生的效应，可以凸显出以GRC人造石为立面的钱学森肖像，提高了视觉效果。从这些实例可以看出，建筑的可变性、可易性利于建筑的可持续发展（图1-12）。

（2）文化雅俗共赏

文化的多样性，反映了社会不同居民的需求，这些需求有的体现在城市高雅文化性建筑上，有的体现在民众喜爱的大众化建筑上，同时在二者结合的建筑上也有体现。这些建筑的设计目的就是满足各类居民的需要，使社会文化雅俗共享。

（3）融合地域文化

新建筑文化首先体现出"新"，不仅指有生态、节能、环保等可持续发展的新理念，还指要有新的技术；同时要体现出"中"，从城市与建筑所在场地的现有地形地貌和社会经济条件出发，深入了解传统建筑文化在空间布局构造、形式、材料、技艺、色彩、装饰、雕塑、花木等方面的特点和当前的思

图 1-12　上海交通大学钱学森图书馆
（图片来源：华南理工大学建筑设计研究院有限公司何镜堂创作室）

想、信仰、习俗，以这些内容为素材，通过不断推敲，创作出与城市整体和谐的、满足使用者功能所需要的，即适用、经济、美观的"新而中"的建筑。2010年，由何镜堂院士团队所创作的上海世博会中国国家馆（图1-13）就是一个"新而中"的优秀设计，建筑采用的是传统的斗拱的理念，却用新的方式演绎，使该馆既有中国传统文化特色，又不失新时代的韵味；且该馆亦是将自然地域生态环境与社会人文生态环境的创新融合于一体的优秀案例。该馆采用整体方形、主体居中的布局，似中国周王城格局，汉以后唐长安城、元大都城、明清北京都城皆属于这一形制；建筑底部及周边配以水木，如都城外围的乡村田野，加上建筑骨架的红色，均隐喻中国城乡自然面貌——天人合一，天、地、人和建筑合一，人、建筑与自然共生。从经济生态来看，该建筑反映了低

图 1-13　上海世博会中国国家馆远眺

耗高效的理念，令人觉得这是一座既具有中国社会人文特色又极富有现代感的创新建筑，符合重视环境与能源问题的"环境宣言"。因此，这些具有地域性、文化性的建筑，在时代河流中，与环境共生，促进了建筑的可持续发展。

（4）城市与建筑环境生态、绿色发展

当一定的物质需求得到满足后，人们开始对精神方面提出需求，渴望健康、自然、愉悦。人们生活工作在城市与建筑里，这就需要在城市与建筑形体环境中满足这种期待。从生命本体论的建筑文化艺术观来分析，城市与建筑形体环境从物质、精神两方面影响着生命，城市与建筑中的土、木、风、光、水、气、材直接影响人与其他动植物生命的长短。因此，使城市与建筑环境自然、生态、健康是其走绿色可持续发展的前提条件。

随着时光的推移、社会的发展，我们采用旧有的和新生的各种艺术手段创造健康、自然的境界，发挥人的主观能动性，感悟自然生命力，使人积极向上、心理生理愉悦舒畅。

综上所述，如果做到以上四点，城市与建筑的特色就会显现，我国"千城一面"的现象就会改变，文化生态的发展就会平衡。

最后，再强调一下建筑与城市建设的整体性，要整体综合地体现自然的、社会的、经济的、文化的生态发展，以求走向良性循环、可持续发展的健康之路[①]。生态可持续发展是城市规划建设与建筑设计营造的基本理念，尤为重要，尽管我国目前城市规划和建筑设计水平较发达国家落后，但只要全面落实科学发展观，就能够提前缩小差距；在发展的过程中，需会用辩证的方法进行思考，从而走上健康、可持续发展之路。所以说，生态可持续发展理念对中国的建筑与城市建设起着引导作用，它可唤起从事城市与建筑建设工作者的社会责任感，并为我国全面的可持续发展奠定物质基础条件。

---

① 吴焕加. 建筑学的属性[M]. 上海：同济大学出版社，2010.

第二节 "可持续发展观"视角下的粤港澳大湾区城市绿色建筑创作实践

DIERJIE

"KECHIXU FAZHANGUAN" SHIJIAO XIA DE YUEGANGAO DAWANQU CHENGSHI LÜSE JIANZHU CHUANGZUO SHIJIAN

> 问题不是我们做什么,也不是我们应当做什么,而是什么东西超越我们的愿望和行动与我们一起发生。
> ——加达默尔《真理与方法》

"可持续发展观"理论的概念,涵盖着建筑的属性(建筑的社会性、综合性、多元性等),具体表现为:系统看待"传承+创新"的辩证关系。传承:传承中华文化中以和谐为核心的价值观,和而不同,不同而又协调。创新:突出地域性,使建筑与自然融为一体;突出时代性,彰显生态与技术的进步,引领时代精神;突出文化性,突出社会属性的精神内核,展现"以人为本"的原则。从哲学思维上讲,其中蕴含的逻辑是辩证地看待"时空"的关系,把握"新"与"旧"的主要矛盾,处理好"传承"+"创新"的有机融合。因而,我们应从"可持续发展观"的角度思考城市建筑的设计创作,这样才可以得到综合的认知与令人满意的实践结果,促进城市建筑设计创作水平的提高。城市建筑设计创作的创新,不是限于形象的创新而是彰显地域文化适应性,符合时代发展潮流,具体表现为以低耗高效、节能环保、动态保护、生态可持续发展为中心目标的创新。

粤港澳大湾区(以下简称"大湾区")从区域上来说属岭南地区,因此都拥有岭南属性。文化多元、经济发达,赋予了大湾区发展的物质基础以及非物质上的包容。岭南建筑具有地域适应的特点,其轻巧实用,文化上呈现出传承与创新的特点,契合了"可持续发展"中把握新与旧的主要矛盾、辩证看待"时空"关系的逻辑特征。从以上可以看出大湾区虽属于岭南,但又具有独

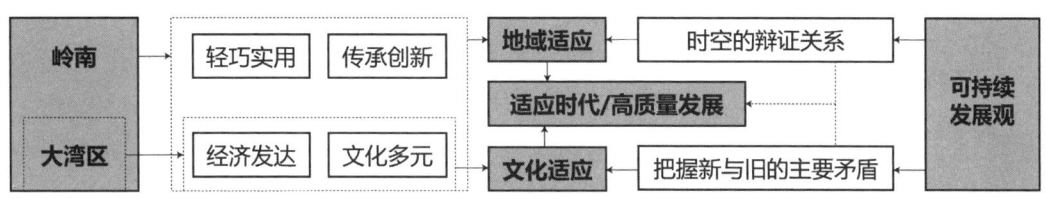

图 1-14　大湾区、岭南的建筑创作理念与可持续发展观之间的逻辑关系

特之处。大湾区的城市绿色建筑创作符合时代发展潮流，促进了建筑领域的可持续发展（图1-14）。

从人类社会自然进化论的规律来看，城市与建筑同样顺应达尔文生物进化论"优胜劣汰、适者生存"的规律。而且，从21世纪开始，世界各国都要走向低耗高效、节能环保、绿色可持续发展的道路，因此，这是城市与建筑发展的大方向，也是新阶段城市与建筑发展的本质特征。就大湾区城市建筑设计创作而言，为实现这一目标，应树立正确的"可持续性发展观"理念。这主要体现在以下几个方面。

一、地域适应——生态宜居的岭南建筑

创造适合大湾区的自然生态环境，就是要城市和建筑与大自然共生，利用地理（山、水、土、木）、天文（风、光、雨、热）等自然界发展变化的客观规律进行城市与建筑的建设，发展城市外围大的自然绿地生态环境、城市本身绿地系统及建筑内外与道路小生态环境的绿地建设。大湾区建筑主要重视遮阳，充分利用自然光、热和自然通风，而不过分强调人造环境，耗费大量资源。不应为开发方（包括地方政府和开发商）的利益建设高层、高密度建筑，不应为显示地方政绩而建设大建筑、大广场、大马路，应保证人、建筑与自然和合共生，令城市与建筑节能、环保和舒适。

从大湾区城市面貌角度，可以首先考虑充分利用自然，突出大湾区生态环境特点。从城市建设以及建筑方面，我们主要以何镜堂院士及其团队在大湾区建设的优秀实例，来说明建筑设计应如何创造适合大湾区的生态环境，同时论证"两观三性"的理论框架中的"可持续发展观"，增强说服力。

（1）澳门大学横琴校区（图1-15）

澳门大学是澳门最重要的高等学府，因空间紧张，2009年6月，中央批准澳门大学在广东省珠海市横琴岛上建设新校区，并授权澳门特别行政区对该校区依照澳门行政区法律实施管辖，横琴岛澳门大学新校区与横琴岛其他区域隔开管理，这意味着，横琴岛一部分将成为实施"一国两制"的新区域。因此，为打造一个富有特色的新校区，设计者首先研究澳门大学历史沿革，了解基地特征等各方面情况，坚持"以人为本、可持续发展"的理念，意在营造环境育人的园林式、现代化校园。

澳门大学横琴新校区选址于横琴岛东部，占地109余公顷，总建筑面积约为96.68万平方米。设计在用地山海环境资源和自然生态条件的基础上，系统地结合澳门地区的城市风貌、建筑特色和教育办学理念，提出书院式簇群生长的建筑布局模式，以及体现岭南水乡特色的岛屿式环境体系的规划模式，强调在岭南建筑的基础上有机地融入南欧风格，来作为澳门大学横琴校区建筑设计的核心理念。设计目的在于充分体现中西文化交融的特点，展现时代的变迁记忆，力图创造融地域性、文化性和时代性特征于一体的建筑特色。自2014年新校区启用以来，澳门大学在QS世界大学排名中节节上升，达到同期同类型大学的国际先进水平，取得很好的经济社会效益。2017年7月，澳门大学横琴新校区学生活动中心获评为三星级绿色建筑设计并获得2017年度教育部优秀勘察设计奖绿色建筑一等奖。

图1-15　澳门大学横琴校区
（图片来源：华南理工大学建筑设计研究院有限公司何镜堂创作工作室）

（2）中国资本市场学院（图1-16）

2014年建成的中国资本市场学院主要运用整体设计策略，意在打造绿色、健康、智慧的校园。

中国资本市场学院北靠麒麟山，四周山体与西丽湖环绕。各建筑成组布置，组团之间山景与湖景渗透，建筑群围绕校园中心园林，以此成为校园融山聚水的核心规划格局。以网络化、可生长式的规划布局实现校园的弹性发展，建筑布局紧凑、疏密有致，建筑之间预留出富有园林意味的外部空间，形成多层次且具有人性化尺度的交往空间，营造出一种人与自然和谐共生的学习生活环境。该校引入"智慧校园"系统，其建设以数字化、信息化、智能化先进技术为依托，以信息自动化为核心，以适应学校信息化条件下控制、管理一体化集成的要求。

设计融入岭南地域的建筑特色，传承而创新，并在综合体现校园建筑文化艺术性、时代性、地域性的前提下，采用了被动式优先、主动式补充的绿色建筑系统技术，以提升建筑的环境性能、使用舒适性与便利性，为师生提供健康、适用、高效的学习与办公环境。该项目获评三星级绿色建筑，获得2021年度教育部优秀勘察设计奖绿色建筑设计一等奖。

图1-16 中国资本市场学院
（图片来源：华南理工大学建筑设计研究院有限公司何镜堂创作工作室）

（3）南沙科学城科创交流中心（图1-17）

南沙科学城科创交流中心的设计本着立足大湾区地域性，融合大湾区的文化性，彰显大湾区的时代性而展开。

南沙科学城科创交流中心结合周边自然、建筑、人群等因素，将建筑底层全部架空，加以绿色庭院，将周边景观、人流引入场地，同时将建筑主要功能抬高，形成内外景观相互融合、相互渗透、相互借景的空间格局。因此，南沙科学城科创中心的地域性，在充分尊重场地特征、因地制宜的同时，顺应了湿热地区的气候环境，从而改善了科创交流中心的微气候系统，实现了低能高效。

南沙科学城科创交流中心作为人才高度集聚的科教融合新城和开放示范园区，为贴合时代开放共享的发展理念，打造粤港澳大湾区前沿基础科学研究和高技术创新的交流场所，提出底层建设完全开放的社区公园理念，尊重大湾区文化开放且多元的特征，创新且包容。同时，科创交流中心的建筑手法简洁明了，建筑气质简洁、现代、大方，彰显了南沙科学城作为区域前沿科学基础研究和高技术创新交流的重要场所的时代特点与建筑特征。

上述三个创作实例说明，在解决城市与建筑中的低耗高效、节能高效、绿色发展的问题时，首先要从适应大湾区的自然地理环境入手，而不是仅仅依赖于人工科技，这是最经济、最实用、最环保的方法。

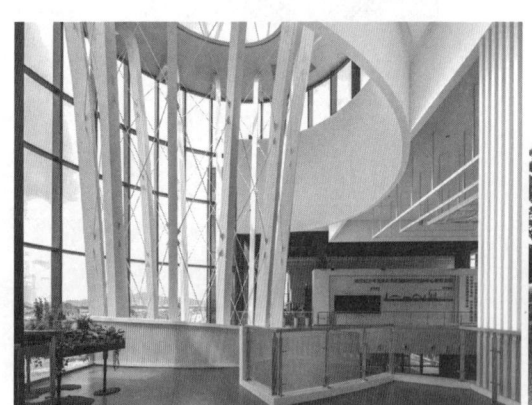 

图1-17 南沙科学城科创交流中心
（图片来源：华南理工大学建筑设计研究院有限公司何镜堂创作工作室）

二、文化适应——传承创新的岭南文化

对于一个具有历史底蕴的城市,一方面应重视保护、整治、发展历史文化街区,另一方面要重视继承传统建筑文化精神,创新发展新建筑。其中,大湾区的历史文化街区,是现存的代表本地地域情况的社会人文生态环境,不应盲目拆除,在当前全球化时代,更应重视彰显城市的个性特点。当然,历史文化街区应是动态发展的,其保护与改造应以"可持续发展观"为指导,既要符合当代背景下人们的生活方式,亦须满足城市发展所需,并留存人文文化气息,体现"传承"与"创新"的有机融合。

大湾区属于岭南地区,文化多样,其中主导文化有岭南文化、创新文化、通商文化、开放文化、海洋文化等,而岭南文化具有博采众家之长,汲取中原之精辟,纳四海之新风的特点,内涵丰富,特色鲜明,独树一帜。综合大湾区以及岭南文化来看,其突出特点是具有创新与传承的精神。

因此,发展文化适应的建筑,就是要继承传统文化精神,不断创新地域文化生态环境。这种提法主要针对大湾区城市中的新建筑而言,强调的是创新和发展地域建筑文化,而不应出现为追求普遍共性,而失去自我个性的现象。下面介绍几个相关创作实践。

(1)2015年增城城市馆(图1-18)

增城城市馆位于广州增城区,是具有鲜明的时代风格和岭南人文蕴涵的科技文化中心,亦将当地文化的特质通过具有岭南建筑和空间特色的设计手法加以表现,形成了鲜明整体的建筑形象,是广州增城重要的知识信息枢纽和精神文明建设的重要基地。增城城市馆多元、生态、开放,体现了现代岭南建筑特色。

多元:增城城市馆系统地将科技馆、博物馆、城建规划展览馆和档案馆整合到一个建筑综合体内,不但满足了个体独立的展览功能需求,还能够相互补充、相互依托,从传统的单一展览模式提高到创新的多种展览功能一体化的模式,给观展者多方位的知识体验和碰撞过程。高度集约化的功能格局,相对于单一的展览建筑,整体的公共空间节省了超过30%的面积。

生态:增城城市馆充分考虑当地的气候特点与周边山体环境,以小体量方式加大自然采光面,摒弃大进深的布局方式,同时以中心步行空间和庭园形成贯穿建筑内部的风廊,积极调节建筑内部和建筑周边的微气候,并通过计算机软件模拟风环境效果来进行设计的验证

图 1-18 增城城市馆
（图片来源：华南理工大学建筑设计研究院有限公司何镜堂创作工作室）

与优化。各馆的设计强调与园林布局的融合，辅以系统的遮阳措施，有效地隔绝直接的太阳辐射，大幅度降低建筑能耗。基于增城地区雨量充沛的特点，建筑屋顶与场地设置雨水回收系统，从而大大节约了建筑用水。建筑物以自然通风和天然采光为主，局部辅以人工采光和机械通风。基于增城区的气象条件，充分考虑地块条件及周围山体对室外风环境的影响，对建筑布局进行了适应性设计，通过设置交通走廊、局部架空等措施，在主导风向和次主导风向下均打造了博物馆良好的室外风环境。

开放：设计从城市空间关系的大局出发，结合建筑本身的公共性意义，同时关注长期城市发展、自然生态环境与地域人文需求，融合周边商业、山体、荔枝公园和增城图书馆，形成充满吸引力的城市公共空间体系。通过东西走向的结合城市生态轴线的空间"廊道"，建立真正具备文化、休闲、观景和交往等多项功能意义的文化客厅。

该项目充分运用了功能复合化、因地制宜节能化、空间开放共享，以实现节约成本，提高实用效率。该馆获得2019年度广东省优秀工程勘察设计奖建筑工程二等奖以及2019年度行业优秀勘察设计优秀公共建筑设计三等奖。

（2）世界客商文化中心（图1-19）

世界客商文化中心位于广东省梅州市，为综合文化展览建筑，集展览、会议、宴会、接待等多种功能，总用地面积约5万平方米，总建筑面积约6.5万平方米。其体现了空间复合、建筑整体、绿色人文理念。

世界客商文化中心，对客家文化和建筑有深刻的理解和感悟，同时能够将各种复杂功能集于一身，并且与周边社会资源和自然景观融会贯通。其设计借鉴传统客家民居"围龙屋"的空间特色，以"聚"字为设计创意出发点，呈外方内圆且层层相扣相叠的建筑形制，恰如其分地复合了多层次的功能，达到了建筑形式与使用功能的高度统一。因此，该项目在集约高效的同时，体现了深厚的客家文化根源，力图在不失绿色的情况下传承创新，打造具有文化特性的建筑，从而实现绿色人文理念，适应时代发展。

以上创作实践体现了文化适应——传承创新了岭南文化，论证了新建筑的设计创作在地域人文环境方面的作用，重视建筑新的使命和适用功能，并把握了经济的使用效益，尊重当地生活方式与风俗人情，提炼了当地优秀建筑的传统技艺和鲜明的建筑色彩，以及具有地方特色的装饰、园林景观等。

图1-19 世界客商文化中心
（图片来源：华南理工大学建筑设计研究院有限公司何镜堂创作工作室）

三、适应时代——面向未来的岭南城市

城市除了需要突出地域文化特色的建筑，还需要创造符合自身特点的标志性建筑，在其中心地段形成独特韵味节奏的建筑立体轮廓线、天际线，使标志性建筑起到统领空间的作用。

（1）广州海心桥（图1-20）

2021年建成的海心桥是世界跨度最大、宽度最宽的曲梁斜拱人行桥，是广州连接珠江南北两岸的第一座人行桥，也是"学党史、办实事"的又一生动实践，是成功连接珠江两岸经济、商务发展的新纽带以及展示国际化大都市城市魅力的新名片，是城市标志性建筑的另一种表达方式。

（2）广发证券大厦（图1-21）

广发证券大厦位于广东广州，是企业总部级办公为主的甲级智能高档写字楼，建成后成为广州市财富管理中心。

图1-20　广州海心桥
（图片来源：华南理工大学建筑设计研究院有限公司何镜堂创作工作室）

图1-21　广发证券大厦
（图片来源：华南理工大学建筑设计研究院有限公司何镜堂创作工作室）

图1-22 深圳悦彩城
（图片来源：华南理工大学建筑设计研究院有限公司何镜堂创作工作室）

其在设计上因地制宜，充分考虑地域环境条件，协调好与周边建筑景观的关系，使建筑环境与空间造型和谐统一。基于珠江新城轴线关系以及新城东扩的趋势，选址在珠江公园西侧建设广州CBD新区东区地标式超高层建筑，与珠江新城西塔及电视塔遥相呼应，因此本方案选择了简洁、高雅、线条清晰、具有精致几何造型的建筑主体。柱状的塔楼整体稍作转体，退让马场路，但又与规划路平行，为南面广场创造出更为开阔的广场空间；附楼靠近并与马场路平行，强化了小尺度城市规划中道路界面的连续完整性，从而顺应了两条不平行马路，与异形基地产生积极对话，创造出完全不同于周边住宅区的金融办公特质。室内空间丰富，引入通风系统、室内庭院、绿色材料等岭南建筑特色，改善了广发证券大厦的微气候系统，生态节能，适宜时代发展。该项目荣获2021年度广东省优秀工程勘察设计公共建筑二等奖，以及2019—2020年度建筑设计奖公共建筑三等奖。

（3）深圳悦彩城（图1-22）

深圳悦彩城位于深圳罗湖区，其以产业为核心，以商业与文化两大主题为空间主轴，按国际一流品质创造产业研发、配套商业新空间，同时保留、改造

图 1-23 粤海金融中心
（图片来源：华南理工大学建筑设计研究院有限公司何镜堂创作工作室）

原有工业遗存，相互有机结合形成文化休闲活动的城市核，引导"城市—产业—生态"模式的整体性发展，联系地域文化与产业文化的空间轴线，多层次、多角度改造更新城市单元，将原有的工业区改造成为深圳市及周边地区无法比拟的城市地标，对罗湖布心地区产业升级、转型，拓展产业发展空间，打造罗湖区新的经济增长点。

同属本项目的金威啤酒厂城市更新单元包含悦彩城西北地块、悦彩城北地块、粤海置地大厦地块三个可建设开发地块。悦彩城西北地块总建筑面积为16.61万平方米，悦彩城北地块总建筑面积约21.88万平方米，粤海置地大厦项目总建筑面积为25.53万平方米。深圳悦彩城在解决地块之间关系的同时，尊重场所精神，并结合"人本需求"，打造出功能多样化、集约化的空间环境。工程设计遵循实用、经济、美观的设计原则，满足"物质+非物质"双重空间营建要求，力求创造一个超前的新时代标志性建筑。

（4）粤海金融中心（图1-23）

粤海金融中心位于广州中轴区珠江新城，总建筑面积约31万平方米，是集办公、商业、休闲为一体的载体。其融汇大湾区势能，成为珠江新城城市中轴线北大门上收口的一个关键项目，是珠江新城的又一重要地标。

粤海金融中心体现了"与城市""与空

间""与人"的关系。与城市的关系：建筑形态整体独特，与周边环境协同共生。与空间的关系：集约节能，用浅进深的平面布局让更多阳光进入，减少能耗的同时最优化景观视野；核心筒布局，通过垂直空间的紧凑设计，结合空中大堂的设置，以及巧妙共用电梯井的处理方法，实现了核心筒面积最小化，实用率最大化，并更灵活地疏导整个超高层建筑里的垂直人流。与人的关系：打造实用的办公空间、舒适的交流空间、自然惬意的休闲空间，屋顶花园、下沉广场、连廊相互延伸贯穿，流线多维，服务人本需求。

因此，该项目秉承舒适、实用、经济的原则，以一体化设计实现功能复合化、交通立体化、建筑形体整体化，以人为本，是适应大湾区时代发展的建筑创作。

一方面，标志性建筑要起到统领空间环境的作用，构成有节奏韵律的立体轮廓线，就必须高出其他建筑1/3。加拿大多伦多城市中心区的立体轮廓优美的原因是，它有一座553米超高的电视塔统领沿湖岸的高层建筑群。美国芝加哥中心区格兰德（Grand Park）后的高层建筑群中，虽有20世纪七八十年代世界最高建筑西尔斯大厦（Sears Tower），但它并未比其他建筑高出很多，现该市在此区域适中位置建667米螺丝钉状的超高层住宅，它将高出其他楼群1/3以上，统领此地区的空间环境，突出中心区的立体轮廓，构成芝加哥城市的自身特点。由此看来，我国香港本岛东西边的标志性建筑都不够高，将来根据需要若能建一座600米高的大厦，才能统领本岛地区空间环境，突出本岛中心区的城市立体轮廓。另一方面，广州海珠区的广州塔，总高度600米，2014年建成的广州周大福金融中心（别称广州东塔）以及广州国际金融中心（又称西塔）高度均在500米左右。如按上述标准，则要建约700米的建筑物，才能统领该区域的空间环境，但根据广州城市的整体布局以及规划，不应在中轴上再以高度突出建筑的标志性，应和谐展现广州的天际线以及合理调控。亦如要保持北京南北中轴线上的标志性建筑的轮廓突出，其两旁的建筑不应更高，应基本确立在原有的轮廓范围内。因此，缺少整体观地看待标志性建筑，是片面浅显的。标志性建筑是创造人文生态环境艺术形象的重要内容，是规划师、建筑师的应具有的技术要求和职业内涵，是发挥创造力，又不失城市特点的创作。

还有一种标志性建筑，其外貌不

属于天际线型，体量较低。近现代一些建筑打破几何形体、几何线条，将地面、墙体、屋顶连成一体，呈现为非直线的自由形体。2003年12月在法国巴黎蓬皮杜文化中心举办了第一次大规模的异样体型建筑展览会，旨在说明利用计算机、数字化技术和柔性材料的发展，可设计并建造出各种曲线变化的空间形体，但这种建筑普遍较矮，没有高层建筑。就这情况来看，现代规划设计应该了解时代发展情况，融合时代发展理念，作出针对性的思考，重视低耗高效、节能、绿色，创造更为适宜的生态环境，如扎哈设计的广州大剧院和上文提及的海心桥，此类标志性建筑物可根据空间功能需要，在结构安全可靠的基础上，创造其别致的标志性意义。

大湾区是一个充满活力，具有国际前瞻性，并拥有特色鲜明的历史文化的城市群体。因此，结合大湾区城市需求，使"新"与"旧"协调发展，是表现大湾区城市发展最高的"美"，并解决"个性"与"共性"之间矛盾关系的最好手段。

城市的整体和谐是最高的"美"：具有一定历史的城市，是不断在扩建和改建中发展的。由于封建社会时期生产力发展比较缓慢，城市整体矛盾不是很突出，建筑相对比较和谐。但后来由于资本主义私有制的激烈竞争，城市整体和谐性遭受到破坏。但其中一些世界性历史名城仍然保留着和谐，如法国的巴黎、英国的伦敦、美国的华盛顿，瑞士的伯乐尼等，这些城市建筑面貌和谐，城市各项基础设施得到更新，道路交通得到改善，水系绿化配合发展，并适应经济活动的新要求，具有综合的经济和社会效益。

这种被认为的最高的"美"，反映了建筑文化、建设水平的提高，对于我国而言，更有条件做到城市的整体和谐发展。因此，在进行建筑设计时，首先要从整体出发，根据整体的特定要求，按照建筑对象的特征来考虑设计，要与周围环境相融合，协调发展。即在建筑设计创造中，把控整体性，根据建筑功能需要，结合地域特点，以达到"新"与"旧"建筑协调发展。

除了城市整体的和谐，"个体"与"整体"的关系也很重要。每座建筑都是城市整体的一部分，特别是重要的公共建筑和社区，都要考虑城市整体需要。这种从大视角着手到局部处理的设计思路是中国建筑设计的传统方式。使局部建筑符合城市整体要求，还可增加城市活力和整体感，彰显地域特色。此设计思路应不容忽视，可避免某些层面走入片面的形而上学的道路。

比如2020年建成的广州番禺天河城（图1-24），位于广州市番禺区南村镇里仁洞村迎宾路东侧番禺万博区内，项目致力打造成为"生态、文化、活力、智慧"的新型广州生活方式的象征，其标志性中央庭院将成为展示番禺城市风貌的新地标。

项目涵盖商业、办公、休闲、娱乐等多元化功能，更是集文化艺术、美食餐饮、康乐于一身的全天候开放社区。

项目和谐地融入城市肌理，天际线、街道网络、细节、材质和结构与整体布局协调，实现了建筑的可持续发展，并力求打造高效便捷的交通体系。番禺天河城注重城市整体和谐，在咄咄逼人的玻璃幕墙建筑前设置广场，使整个结构有了雍容揖让的风度，着意表达现代化大都市广场的文化内涵和气质。

低耗高效、节能环保、绿色可持续发展和创造适合地域情况的生态环境是21世纪城市与建筑发展的本质特征，所以创造城市与建筑地域性自然人文特

图1-24 广州番禺天河城
（图片来源：华南理工大学建筑设计研究院有限公司何镜堂创作工作室）

点是历史的必然，应从以下几点着手：①提倡城市的集约型发展，节约城市用地，防止城市蔓延式发展。②提倡以人为本的设计理念，注重建筑与自然环境之间的结合和协作。③在设计过程中结合建筑的使用功能，增强运用生态适宜技术的意识。④树立建材循环使用意识，在最大范围内使用可再生的地方性材料。⑤建筑群体采用灵活多样的布局形式，将建筑对基地环境的破坏降至最低，尽量杜绝资源和建材的浪费。

何镜堂院士常说："中国是一个缺能国家，可是我们建筑却不节能，能耗是发达国家的2~3倍。建筑师应该把整个社会当成最大的业主，尽可能关心社会福祉，以绿色建筑、可持续发展理念作为建筑创作的核心"。

因此，从"可持续发展观"视角思考大湾区城市建筑设计创作，就是创造适合大湾区的自然生态环境、适合大湾区的社会人文生态环境，也需结合城市和谐发展要求，使大湾区"新"与"旧"协调发展，且能凸显出大湾区独特的城市象征性意义。

"可持续发展观"理念衍生出"低耗高效，绿色、生态平衡发展"的涵义，诠释着创造适合大湾区的生态环境的重要性，许多社会人文现象也是受地域自然地理特点影响而产生的；同时要重视创造适合大湾区的社会人文生态环境。这两方面内容是城市规划和建筑设计者创作的灵感源泉和思想基础，也是创作者抒发情感的基地以及艺术表现思想的源头。因此在思考创作出优秀的大湾区作品时，应考虑城市的内在需求，使新建筑"个体"融入"整体"城市肌理中，并在此基础上考虑创造出独特的适宜本城市、可统领区域环境的象征性建筑或作品，以最"美"的艺术形象，突出城市的独特之美。这样的作品自然打破了"忽视与自然共生、忽视地域人文、忽视城市肌理以及整体协调的形象"的片面印象，符合当今城市与建筑发展的大方向，亦阐释了"传承"美好，"创造"未来，使之走向"可持续发展"的道路。

第二章 基于"可持续发展观"的绿色解决方案

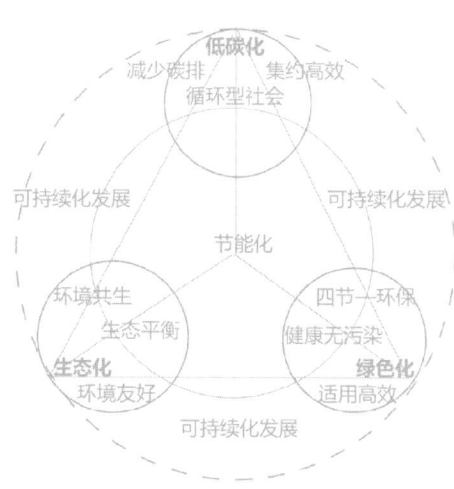

第一节 创建"可持续发展观"下的绿色发展路径

> 天下之势，辗转相胜；天下之巧，层出不穷，千变万化，岂一端所可尽乎。
> ——[清]纪晓岚《阅微草堂笔记》

建筑的绿色发展，是对全球环境危机反思的结果，是实现人类和地球生态系统可持续发展的重大举措。因此，重新审视人、建筑和自然的关系，改变人对自然的态度，建立科学的自然观和价值观是建筑绿色发展的逻辑前提，"天人合一"应当是建筑绿色发展的价值理想，"可持续发展"应当作为建筑追求绿色的价值目标。①

一、"可持续发展"与"绿色"的关联

可持续发展是全人类共同的理想，生活在地球上的每一个人、每一个经济部门都有责任为维护人类的生存而奋斗。绿色体系正是国际为了实现可持续发展所采取的重大举措，是对时代潮流的积极回应。

（一）"可持续发展"是"绿色"运动的趋向

"可持续发展"理论的提出，是人类社会发展理论的重大变革。20世纪80年代，全球化进程加速，构成了当时世界建筑发展的总体背景，可持续发展观念也是在这种背景下开始兴起，也只有从这种背景出发，才能看清世界建筑的发展趋向。随着全球化的发展，工业化

---

① 赵安启，周若祁. 绿色建筑的人文理念[M]. 北京：中国建筑工业出版社，2010.

显露的资源问题、环境问题不再局限于工业国家，因此呼吁环境保护、生态平衡的行动波澜起伏，"可持续发展"成为整个人类的共同话题。1987年4月，世界环境与发展委员会发表了一份题为《我们共同的未来》的报告，首次提出了"可持续发展"的战略思想。"可持续发展"就是指"既满足当代人的需要，又不对后代人满足其需要能力构成危害的发展。"报告提出了一系列的措施来提高能源的使用率，创造舒适的生活环境，以及改善良好的生态环境。

在全球化与可持续发展的背景下，20世纪80年代世界建筑领域出现了三种发展态势：现代主义趋向的建筑风格占据着不可替代的主流地位，彰显着工业文明改天换地的科技力量；后现代主义多元化趋向的建筑风格则为世界建筑的发展注入了历史、文化和人文主义活力，构成了对现代主义建筑的"趋同化"倾向进行校正的必要张力；而生态主义趋向的建筑探索，虽然弱小、稚嫩，却蕴藏着生态文明的新生力量，预示着世界建筑未来发展的历史转变。"绿色"建筑在20世纪90年代逐步兴起，21世纪蓬勃发展，这种历史性转变的突出变现，既是对全球化和可持续发展的积极回应，更是对现代主义、后现代主义建筑等主流思潮进行深刻反思的必然结果，而可持续发展则体现了绿色运动的趋向。

（二）"绿色"是"可持续发展"的新出路

20世纪是前所未有的建筑学大发展时代，但也经历了前所未有的大破坏。[①] 两次世界大战使不少城市变为废墟，出现了世界性房荒，为了医治战争的创伤，发展经济和改善人们的居住条件，在世界范围内掀起了城市建设的高潮，并取得了巨大的成就。但在城乡建设中对土地资源的掠夺、对森林的破坏、对文化遗产的破坏以及环境污染等问题也日益严重。面对这些问题，人们开始从不同角度进行反思、探索新出路。

20世纪80年代，环境问题成为全球关注焦点，也孕育了可持续发展的理念，"我们共同的未来"成为全世界的责任，各种有关绿色建筑、生态城市的思想、设计方法、政策策略逐步出现，为以后的绿色建筑发展行动奠定了良好的基础。90年代以后，可持续发展战略

[①] 吴良镛. 21世纪建筑学的展望[J]. 北京规划建设，1999（3）:1-4.

成为全人类共同的行动纲领，绿色建筑概念也在全世界传播，一些发达国家、发展中国家先后制定了适应本国的绿色建筑发展规范、技术指引措施以及评价体系，各种绿色建筑实践层出不穷，有力地推动建筑绿色发展，使其成为21世纪建筑发展的趋势以及新出路。

二、建筑绿色发展路径的基本内涵

（一）生态健康、经济适用

据公元前1世纪末叶，古罗马建筑师维特鲁威著作《建筑十书》记载，直至19世纪，西方建筑师提出了"适用""坚固""耐用""美观""经济""健康"等建筑理念。中国在20世纪90年代提出"经济、适用、在可能的条件下注意美观"的基本方针；现在"十四五"规划的提出，丰富了"建筑三原则"理论，使其更加适应时代的发展，更好地解决社会发展中存在的问题。因此，我们认为"生态健康、经济适用"是建筑绿色发展路径中的基本要求及底线，也表明了"绿色"是一种衡量标准并蕴含一定技术含量以及人文态度。

"生态""安全"是对"绿色"发展路径的定性要求。"生态""安全"不是新的概念，但现实中存在各种问题。因此，应对生态健康问题、经济适用问题给予高度重视。劣质材料的使用、有害气体的排放，使得环境污染严重，生态失去平衡，致使居民的健康问题凸显。因此，正视生态平衡、健康生活，正视质量安全，正是民生所需。鉴于现实问题，在建筑"绿色"发展路径实施进程中，应当高度重视生态健康、经济适用的必行标准。

1. 自然生态、健康为营

生态健康主要是对建筑"自然生态、健康为营"两方面内容的思考。生态、健康直接关系着人们的身心健康。英国赖恩·爱德华兹认为，"生态"的关键因素是由可持续原则控制着的，据此，在建筑上表现为：有效地把节能设计和对环境影响小的材料结合在一起，并保持了生态多样性的建筑就是建筑生态化，即"节能、对环境影响最小、保持生态多样性"。按照世界卫生组织（WHO）的定义，"健康"应具备四个层次，即人的躯体器官无病，精神智力正常，有良好的人际交往和社会适应能力，道德观念和行为合乎社会规范。由此来看建筑，尤其是生态建筑，应具有健康的系统，满足居住者在生理、心理、社会适应、环境适应和道德规范等多层次上的合理需求。为实现建筑的

"自然生态、健康为营"的目标，主要从以下两方面着手。

（1）自然生态

从自然环境的生态性看建筑，主要指建筑环境、空间环境、空气环境、热环境、声环境、光环境、水环境、绿化系统、环境卫生，即自然环境的九大指标能做到适应性、安全性，这是生态性的第一个层次。适应性，就是上述指标要适宜人类的使用，并具有环境适应性，如建筑环境的建设用地要通过物质空间的人性化设计，满足使用功能的舒适性；交通应理性化设计，动静相宜；视觉环境由表及里，公共空间、私有空间组合得当；比例尺度协调、序列层次适度。生态健康就是建筑的声环境（噪声、隔声）、光环境（日照、采光、照明、光污染）、热环境（气温、湿度、风速、风向、降水、日照、太阳辐射、蒸发）、水环境（上水的合理利用、中水的重复使用、雨水的再利用、下水的排污处理）、绿化环境（立体绿化、降噪降尘、美化环境）和环境卫生（城市街巷、道路、公共场所、水域等区域的环境整理，城市垃圾、生活废弃物的处理处置和综合利用）等均能促进建筑的生态性发展，并应能推进人的身心健康发展。为实现建筑"自然生态、健康为营"的第一层次的需求，亦应遵循以下原则：

协调性原则：建筑的诸多环境在感官上应保持自然环境的适宜、协调，即建筑融入自然，并不失建筑地域环境的个性，且具备文化性和传统性。

整体性原则：建筑与环境协调统一，如建筑的规模、布局以及建筑的高度、形态、色彩、材质等均应纳入整体环境关系中思考。

多样性原则：通过建筑基本组合单元、模式的生态重叠，在有限的环境下，创造出具有多样性的建筑环境。

便捷性原则：贯穿建筑与建筑的交通，是使城市、建筑活起来的必要元素，应考虑通行的便捷与顺畅。

因此，建筑的自然、生态性可以满足人的身心健康需求，而且建筑作为城乡环境的重要组成部分，将直接或间接地影响着城乡环境的生态、健康发展，关系着社会的文明与进步，亦关系着生态环境的可持续发展。

（2）健康为营

WHO给出了现代关于健康较为完整的科学概念，健康不仅指一个人身体有没有疾病或是否虚弱，而是指一个人生理上、心理上和在社会上的完好状态。

建筑的健康研究可追溯至30多年

前。早在1988年,在瑞典召开了有关"健康的建筑(healthy buildings)"的国际学术会议,会议旨在探求"健康的建筑"的技术途径及功能要求。人们对健康的关注,实际上是源于发生在建筑内的有关影响健康的问题。1970年,建筑中产生的甲醛是向人类发出的第一个警告信号,生活在甲醛散发的建筑内,人们会感到头疼、眼睛和皮肤干、发炎等。WHO在病态建筑综合征的报告中指出,一些人们在建筑中频繁发作的症状与建筑有关(如眼睛干涩、流泪、鼻塞、喉咙干、头疼、嗜睡、注意力不集中、易怒等),应该引起重视,WHO将引起病态建筑综合征的建筑称为"病态建筑(sick building)"。随后,业内开始逐渐认识到健康建筑的规划、建设、改造及管理确是一项关系到人类切身利益的社会问题,有很多学者在诸如如何防止"病态建筑"及创造利于人们健康、舒适安全的建筑环境等方面开展了大量调查和研究工作,时至今日,对于建筑影响人的健康因素的研究从未停止。

从1990年英国建筑研究所BRE发布的全球第一套绿色建筑评估体系BREEAM至今,建筑绿色化在全世界迅速兴起。同时,建筑从最初的降低建筑能源消耗为重点,逐步向建筑性能整体解决方案扩展,包括如何积极地影响建筑中生活的人们,这为健康建筑的全面发展奠定了基础。建筑"绿色"一方面强调的是建筑与环境的和谐关系,如降低碳排放、节约能源资源等;另一方面也是促进人们的健康,如提倡自然通风、自然采光、室内污染控制、室内温度控制等。但毕竟影响健康的因素非常多,仅仅通过"绿色"进行约束和要求是不够的,所以整体而言,"绿色"涉及"健康"的性能并不全面。2014年世界绿色建筑委员会(WGBC)发布报告,在室内空气质量、热舒适、自然采光、视觉、噪声和声学、室内布局、健身设计等方面提出办公建筑是绿色建筑发展的新篇章,在"绿色"得以全面和快速发展之后,"健康"的发展需求逐渐显现,可以说"健康"既源于"绿色"又超越"绿色",有着"青出于蓝而胜于蓝"之意。

综上所述,"绿色系统"应当有完善的"健康"体系,具有多层次的体验"健康"需求。应对建筑的社会功能、心理健康和公共卫生服务、保健服务、文化养育服务、健身服务、社会保险服务、健康物业管理及其他为健康作出的有关行动等人文环境的指标作出需求。

因此,以舒适性和健康性作为"自

然生态、健康为营"的第二个层次。舒适是在适当强调以物质建设满足生理需求的基础上，以精神关怀关注心理安慰。如建筑建设和管理应当注重社会风尚、邻里关系、安全防范等方面，既要为使用者提供物质上的服务，又要提供精神上的互助、情感上和思想上的交流，以及公共服务空间等环境。随着城市密度提高，建筑环境的舒适度、社区交流配套设施、公共交通的便捷、生理和心理及社会需求正成为当下迫切需要面对的问题。注重健康性是"绿色"发展路径的保健系统，为"绿色"保驾护航。

2. 以人为本、安全第一

建筑为人所用，应注重人的使用感受，以人为要，以人为本。建筑安全亦是尊重人的自然生命，应重视建筑的质量安全和环境安全。

安全，是指主体没有危险、不受威胁、不出事故的客观状态。主要表现在两方面：一是建筑工程质量安全、安全性能，即建筑工程勘察、设计施工活动是否符合国家建筑工程质量、安全标准；二是环境安全，即建筑物室内安全和对周边生态环境是否存在负面影响。

（1）建筑工程安全

建筑工程质量、安全性能不达标，会直接威胁人的身心安全以及财产安全。古罗马建筑师维特鲁威把"坚固"作为建筑的第一原则。"坚固"既是指建筑质量，也是指建筑安全。"以人为本、安全第一"是建筑工程的首要原则。如《中华人民共和国建筑法》《建设工程质量条例》《建设工程勘察设计管理条例》《建筑工程安全生产管理条例》等法律法规对建筑质量、建筑安全问题做出明文规定，以避免问题的出现。因此，法律、法规是建筑"绿色"发展路径中的根本保障。

建筑质量是绿色发展的前提条件，确保"绿色"质量的实现，应当遵循以下几点：

① 建筑工程勘察，务必求真、求实，尊重场地，这是实现"绿色"质量的前提条件。如《绿色建筑设计导则》指出"场地环境应安全可靠、远离污染源，并对自然灾害有充分的抵御能力"。

② 建筑质量、安全符合标准，如其中使用材料达标且安全，建筑结构、建筑施工、建筑装饰、建筑的防火规范等符合相应的规范并健康。

③ 建筑工程管理符合标准，全面控制建筑"绿色"质量、安全，落实"绿色"指标的全面实施。

④ 实施建筑"绿色"发展路径，即实现"绿色品质"——保证"绿色质量""绿色安全"。

（2）建筑环境安全

建筑环境安全主要由室内环境安全、室外生态环境安全两部分组成。要实现建筑环境安全，必须做到以下两方面。

重视建筑的"绿色"指数，即室内室外安全指数是否符合要求。从室内环境的物理、化学、生物等数理指标方面讲，室内空气质量应符合人类安全起居需要。在物理性上，要注意室内微小气候、噪声、光污染、总悬浮颗粒是否影响人们的生活；在化学性上，装饰材料释放出的来有害气体（甲醛、三苯、氨、二氧化碳、一氧化碳、二氧化硫等）是否超标；在生物上，尘螨污染等是否可以消除。如果以上数理指标控制不好，则会对人的健康以及生命安全构成严重的威胁。装修"绿色"是减少装修污染和维护室内环境安全的关键。据世界卫生组织公布：全世界每年有10万人因为室内空气污染而死于哮喘，而其中35%是儿童，而且以2～7岁的儿童居多，这与家庭装修导致室内环境污染有直接的关系。虽然上述污染正在被越来越多的人重视，但还有一种生物污染没有被充分认识到。据报道，美国一位老太太15年来身体和精神状态每况愈下，原因是家里的高浓度霉菌令老太太产生了中毒反应。由此看来，室内环境一定要符合健康起居的标准，才会给人带来安全。

重视建筑活动对周边生态环境的影响。建筑全生命周期对环境影响极大，传统建筑是大量耗费资源、污染环境、破坏生态平衡的关键因素之一。在建筑全生命周期内，最大限度保护环境和减少污染、与自然和谐共生，是建筑"绿色"发展路径的本质要求。根据《绿色建筑技术导则》《绿色建筑评价标准》《绿色施工导则》的有关规定，"绿色"指确保周边生态环境安全，主要表现在三方面：一是保护自然环境和人文景观。尽量保护和合理利用现有的地形、地貌、植被和自然水系；建筑风格与规模和周围环境协调发展，保持历史文化与景观的连续性。二是尽可能减少对自然环境的负面影响。一方面避免建筑行为造成水土流失或其他灾害；另一方面降低环境负荷，减少建筑产生的废水、废气、废物的排放，减少建筑外立面和室外照明引起的光污染，选择可降解、对环境污染少的建材，减少对环境生态的破坏。三是加强环境管理。建立ISO 14000环境管理体系，编制绿色施工方案，制定环境保护措施、节材措施、节水措施、节能措施、节地与施工用地保护措施，最大限度地节约资源，提高环境质量。①

（二）"经济"是衡量绿色发展路径的定量标准

1. "绿色"的"经济"基础

"经济"一词来源于希腊语，其语义为"管理家庭的人"。在中国，4世纪初东晋时期就有"经济"一词，隋代王通（585—617年）的《文中子·礼乐篇》又将其限定在"经世济民""经国济物"的意义范围内，强调的是国家富强安康，而日本是按现代广义的经济学概念来定义的，意指如何以小的代价获取最大的成果，就是如何在各种可能的选择中，即在各种主观与客观、自然与人的制约条件下，选取代价最小而获得最大效益的经营方式，其在意手段，即为达到目的而选择的实施方式。

19世纪初，法国建筑师路易·迪朗将经济作为建筑的主要理念。中国在20世纪50年代将经济作为建筑的第一基本方针。因此，我们认为"绿色"是需要"经济"这个基础的，"经济"为"绿色"发展路径提供更多的可能以及"经费"。

"经济"为"绿色"所纳入，应该主要从两方面阐述：一是自然资源和社会资源投入最少，节约高效（节能、节材、节地等）；二是经济效益、社会效益和环境效益最佳。

一般意义上来说，经济效益是产出与投入之比。"绿色"的产出是功能的实现，因此，经济效益是"绿色"的功能与成本之比。"绿色"的功能主要指的是容纳活动的能力和环境优化程度的舒适性等，"绿色"的成本就是社会成本、环境成本和人为成本。社会成本是建筑活动在社会内产生的消极影响，以及对社会成员物理、生理等损害；环境成本是指建筑活动产生的环境治理成本；人为成本指生产成本和使用成本。环境成本和社会成本又称为外部成本，指的是在某一区域所有人和生态系统所付出的成本。因此，应充分利用成本来实现"绿色"的本质意义，即实现建筑环境的容纳度、舒适度、环境效益、社会效益呈现可持续发展的趋势，这亦是"绿色"追求的价值目标。

2. "经济"于"绿色"的意义

"经济"对于"绿色"的意义主要

---

① 卜一德. 绿色建筑技术指南[M]. 北京：中国建筑工业出版社，2008.

体现在以下两方面。

第一，控制成本是建筑开发生存发展的基础。具体来说，需要控制建筑工程全生命周期内的开源节流，有质地降低成本。即在建筑规划设计阶段，注重地域性、历史性、文化性的传承，采用被动式节能或主动式节能技术，树立循环使用意识；在施工阶段，避免环境的破坏、资源的浪费和建材的浪费，最大程度地使用生态材料和可再生材料。但要把握成本与质量的"度"，不能因低成本使工程出现质量安全问题，"控制成本"与"质量安全"不是非黑即白的，需要通过科学的方法策略实现二者的平衡。

第二，控制成本有助于实现消费者的使用公平，有助于消除两极分化现象，使建筑面向大众，满足广大群众的使用要求，增强建筑活力，为实现建筑的可持续发展助力。

第三，平衡经济，实现"绿色"市场。在中国社会主义市场经济条件下，建筑的绿色需求只能走市场化发展之路，平衡经济、培育绿色市场是绿色建筑发展的基础，亦是在理性市场上呈现了具有人性化的一面。

3. 提倡以正确的"经济观"作为绿色发展路径的理念

中国正在以历史上最脆弱的生态环境承载着历史上最多的人口，担负着历史上规模空前的资源消耗和经济活动，并面临着历史上最为突出的生态环境挑战。因此，必须提倡正确的"经济观"理念，这也是建筑的绿色发展坚持"经济适用"的思想基础。

正确的"经济观"，就是生产力与生产消耗关系相适应。有着什么层次的生产力，应该对应与之相当层次的生产消耗。因此，提倡正确的"经济观"，应注重以下两个方面的内容：第一，坚持适度的消费，消费心理健康，其中主要是平衡资源节约与扩大内需的关系，实现经济合理发展与伦理合理适度；第二，坚持节约美德，即在合适的国家发展策略中，用有限的资源实现科学发展，推进现代化进程，加快建设节约型社会。

总之，提倡以正确的"经济观"作为绿色发展路径的理念，符合建筑绿色发展的"经济适用"原则，是实现绿色建筑的"经济适用"的前提条件和根本基础。

（三）"适用"是绿色发展的基础

"适用"是古罗马建筑师维特鲁威提出的第二个建筑原则，意大利建筑师L·B·阿尔伯蒂将"适用"提升为建筑的第一原则。此后"适用"便成为世界建筑界长期遵循的基本原则。

"适用"从字面意思上看,"适"是契合,"用"是发挥功能。建筑的适用可以理解为强调包含建筑设计、技术指标、标准规范内的实用效果。吴良镛在《人居环境科学导论》中写道:"适用是个社会性问题,建筑到建筑群乃至整个城市,不论大小、功能如何,都须使其适应人的生活方式以及工作方式,适合于社会需求,其适应与否对于其功能效率以及使用者的身心健康是有密切关系的。"吴先生把建筑的社会性以及建筑的目的性展现无遗。因此,这也表明了建筑的绿色发展是建立在"适用"理念的基础之上的。"适用"理念的落实可使人们的生活空间以及生产空间得到更好的改善和提高。

阐述"适用"于绿色建筑的基本功能,应从设计适用功能、采用适宜技术、树立"经济适用"理念等内容展开论述。

1. 实现"适用"功能是绿色发展路径的根本任务

"适用"就是适合使用,是实际使用价值;"适用"是包括绿色建筑在内的一切建筑的根本功能。建筑绿色发展提倡的"适用",应包含"庇护所"的功能、方便生活起居功能和舒适功能。在《当代建筑的理论和宣言》中,美国建筑师伊恩·里奇说:"人类寻找庇护所,因此这种庇护所是一种功能。它可以由墙体、墙体的屋顶、圆柱上的屋顶所提供。"这也是中国古人所说的"以待风雨""以待雪霜雨露"功能。方便生活起居功能和舒适的功能,主要指建筑在实现绿色发展路径中,功能应"实用""方便"和"适度"。具体说来,应考虑使用者的理性需求以及感性需求,尊重环境,尊重人的属性,使建筑形成健康的"磁场"。

2. 采用适宜技术是实现绿色发展路径的根本方法

"适宜技术"理论是20世纪60年代由西方学者提出来的,现备受相关研究者的关注。"适宜技术"理论强调发展中国家从发达国家引进的技术要与本国的要素禀赋相一致。具体而言,其一,"适宜技术"要符合本国的发展详情;其二,"适宜技术"是契合本国的技术特点的成熟技术;其三,发展"适宜技术"应契合本土化创新。

(四)地域适应、低碳高效

建筑实现绿色化是对现代一般建筑体系的扬弃和超越,它在继承一般建筑的安全、经济适用的价值之外，还必须具有一般建筑所不具有的新价值——"地域适应""低碳高效"。

"地域适应"是建筑尊重自然、适应自然条件、融入自然环境和保护自然环境的根本要求；"低碳"是在节约资源能源的同时，关心环境的保护，使建筑低耗节能，环境舒适；"高效"则是充分利用资源，追求有品质的建筑。

1. "地域适应"是建筑绿色发展路径的基本理念之一

实际上，建筑就是一个处理人与自然关系的"环境转换器"。处理人、建筑与自然的关系，是建筑实践永恒的主题。然而，自然环境和建筑都是实际存在的物体，而不是抽象虚无的。因此，建筑的绿色发展就是处理好人、建筑、自然之间的关系，即尊重自然，与自然共生。如在1999年《北京宣言》中提出的"建筑师地区建筑"，建筑师应树立"建筑的地理时空观"；在《中国生态伦理传统的诠释与重建》中描述了美国的建筑师南西·杰克·托德和约翰·托德把"设计必须反映生物区域性"作为建筑绿色设计的重要规则；在《沙乡年鉴》中描述了马来西亚建筑师杨经文提倡设计应适应气候，他认为："地方主义建筑在设计中融入建筑所处场所的精

神。这样可以建造能够自然而然地与当地环境相适应的文本主义建筑。它应该具备敏锐的洞察力，充分考虑到场所的现实，而不是注重追赶国际上的趋势和潮流。"中国颁布的《绿色建筑技术导则》强调绿色建筑"适应自然条件、保护自然环境"的重要性。指出"建筑的绿色发展应注重历史性和文化性，尊重民族习俗，依据当地自然资源条件、经济状况、气候特点等，因地制宜创造出具有时代特点的和地域特征的绿色建筑。""建筑绿色发展，应注重文化性和历史性，尊重历史，加强对既有环境和历史文脉的保护和再利用。"《绿色建筑评价标准》也强调"评价建筑是否具有绿色时，应依据因地制宜原则，结合所在地域气候、资源、自然环境、经济、文化等特点进行评价。"由此可见，"地域适应"是建筑绿色发展的基本设计理念，"因地制宜"应当是建筑绿色设计的基本方法。

"地域"是一个自然区划或文化区划概念，而不是一个行政区划概念。本书研究对象的地域属性主要包括大湾区的气候特征、地理条件、文化传统、经济状态等方面内容。具体来说，夏热冬暖气候、岭南文化的特性对大湾区建筑的绿色发展路径具有的特别意义和价

值。而"适应性"则是这种价值的具体表现或策略方法。"地域适应"具有丰富的涵义。

第一,"地域适应"是一种尊重自然、与自然共生的理念,也可作为一种方法论运用。其表明了在建筑绿色发展路径中,有着"天人和谐"的理想和"环境友好"的态度,并需"因地制宜"制定出适宜的策略方法,建设具有地方特色的、绿色的建筑。

第二,"地域适应"是衡量建筑绿色发展形式的标准和基本属性。在《设计结合自然》著作中,麦克哈格认为绿色的建筑"应当回到自然中寻找形式的基础""适应是一个恰当的标准"。这契合了达尔文的生物进化论"物竞天择""优胜劣汰""适者生存"的原理。因此,建筑的形式应以"适应"为标准,结合"地域"属性,即顺应当地的气候条件,保护当地的自然景观,就地取材,适应当地经济发展,传承地域文化,创造出能适应周围环境的建筑形式。

"地域适应"是建筑绿色实践中的成功经验。"尊重地域环境""设计结合自然""设计结合气候"是当代建筑绿色实践中的基本理念和成功经验。这在诸多研究著作中均有表达,如1963年奥戈雅的《设计结合气候、地方主义的生物气候研究》,阐述了"生物气候主义"的设计理论,认为建筑设计应遵循当地气候—生物—技术—建筑的设计进程;布兰达威尔和罗伯特·威尔合著的《绿色建筑:为可持续发展的未来而设计》,将"设计结合气候"和"尊重基地环境"作为建筑绿色发展的两条基本原则。

2016年,爱尔兰的生命科学研究建筑(BRB)被评为优秀绿色建筑。在BRB项目的设计中结合了爱尔兰的温和气候,通过沿建筑周围定位的低负荷运行空间,在一年的大部分时间内都能够利用自然通风,基于这种方法,这栋密集型科研大楼可以节约45%的机械通风(图2-1)。

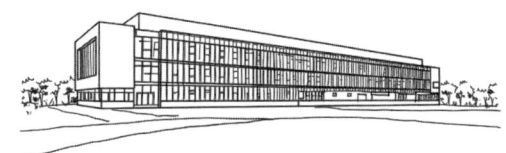

图2-1 生命科学研究建筑(BRB)

除此之外,美国加州大学伯克利校区公共图书馆西区[①]同样被评为优秀的绿色建筑。加州大学伯克利分校公共图

---

① https://www.archdaily.cn/cn/786219/mei-guo-jian-zhu-shi-xie-hui-huan-jing-wei-yuan-hui-aia-cote-gong-bu-liao-2016nian-shi-da-lu-se-jian-zhu-xiang-mu.

书馆西区是加利福尼亚第一个获得绿色生态建筑挑战认证的零能耗的公共图书馆。该建筑的能源策略是合理利用日照（建筑的97%利用日光）；自然通风和高性能建筑外墙隔绝了街上的噪声；并再利用"烟囱效应"为图书馆提供室内空气对流系统，实现空气换新且降低建筑能耗。图书馆超越了2015年美国温室气体排放较2005年整体下降26%—28%的标准，符合伯克利新近出台的气候行动计划。

美国J. 克雷格·文特尔（Craig Venter）研究所是一个非营利性研究机构，致力于基因重组方面的科学研究，需要在西海岸建立一个永久性的建筑。出于对环境保护的承诺，他们决定挑战建立全美第一个零能耗的实验室大楼。该建筑获得了LEED白金认证，建筑面积为44607平方英尺（约4144平方米），由围绕在中央庭院的两翼——干、湿实验室组成，并拥有一个能够容纳112辆车的地下停车场。整个设计围绕着能源消耗、水资源保护和可持续材料进行。

在我国，何镜堂院士和他带领的团队设计的汶川地震纪念园，就地取材，与周围环境协调一致，而且寓意深远；当地材料的运用，既体现地域性，又节省费用、低耗。而普通材料恰如其分地使用，同样能表达相应的建筑意味，比如南京大屠杀遇难同胞纪念广场（图2-2）上最常用的级配碎石，同样营造了庄重静穆的氛围，并从中突出了历史文化传承、对原有场地的尊重和场所精神等；中国（泰州）科学发展馆展示中心（图2-3）有着传承传统文脉的

图 2-2 南京大屠杀遇难同胞纪念广场
（图片来源：华南理工大学建筑设计研究院有限公司何镜堂团队）

图 2-3 泰州科学发展馆
（图片来源：华南理工大学建筑设计研究院有限公司何镜堂团队）

现代品相，项目注重人文品质，对地域文化、自然风光的吸取铸就了项目的深远意义。何镜堂团队的规划、设计，高度重视适应地区气候、地理环境、经济条件，注重文化性以及建筑传统技艺，取得了良好的生态效益、社会效益和经济效益，即契合了何镜堂院士所提出的"两观三性"理论。

以上几个案例从地理环境、气候环境论证了"地域适应"运用价值，是值得借鉴的成功经验。

正因"地域适应"是"自然观"理念的融合，我们应当坚持以"地域适应"为建筑绿色设计的基本理念，从源头减少对生态环境的破坏，遵循"因地制宜"的策略，走出一条"节水、节能、节地、节材、降低成本又不失地域特色"的绿色发展路径，创造出风格多样、适用、美观、生态舒适的绿色家园。

2. "低碳"是建筑绿色发展路径的基本特征和标准

"低碳营建"是近几年来兴起的一种体现环境关注的新兴建筑营建形式。因此，"低碳"作为建筑绿色发展的基本特征和标准，是基于建筑全生命周期内在碳排放方面的环境表现，挖掘和探索减碳技术和低碳设计，为建筑绿色发展提供一定的准则和应有的基本特征。

"低碳"特性赋予建筑绿色发展的基本特征。综合国内外专家学者的研究来看，狭义的"低碳"一般是指在建筑使用过程中，降低各种家电设备运行的能耗，实现节能减排的目的。广义的"低碳"涵盖了建筑在全生命周期内的碳排放，指的是满足人类对舒适性要求的前提下，减少化石能源的使用和消耗，提高能效，降低二氧化碳的排放量。"低碳"作为低碳经济实施的重要途径和必要实现方式，其主要的特征是低能耗、低污染、低排放、居住环境舒适。因此，建筑在绿色发展时应体现"低碳"所具有的基本特征。

"低碳"评价指标赋予建筑绿色发展标准。达到"低碳"能够更好地适应社会发展的要求，能够解决建筑行业发展的重要问题，可以实现行业增长方式的转变，促进低能耗、高附加值建筑方式的发展。因此"低碳"的评价指标体系赋予了建筑绿色发展的相应标准。

3. "高效"是建筑绿色发展路径的基本原则

低碳不是建筑绿色发展的最终目的，其最终目的应是获得最佳的生态效益、社会效益以及经济效益，为使用者提供高效的利用空间。因此，建筑绿色化不仅指低碳，而且指要高效地利用资源,并能提供"高效的空间"。"高效"应是建筑绿色发展路径中需遵循的基本原则。

"高效"对于建筑绿色发展的意义在于在建筑全生命周期内,高效利用自然资源和社会资源,为使用者提供高效的利用空间。而落实"高效低碳"的主要措施则是提高对低碳高效的认知和意识,使人们认识到低碳高效是建筑绿色化、走上可持续发展之路的必经之路,低碳高效是承担保护地球生态环境和实现人类可持续发展的责任和义务。应坚持绿色技术的创新和进步,结合走循环经济之路的基本模式,从而实现建筑在绿色发展中的低碳高效。

(五)以人为本、诗意生活

建筑作为人在社会实践活动中的产物,由人创造并为人服务,它不能脱离人而独立存在。因此"以人为本"是建筑绿色发展的根本出发点和归结点。"诗意生活"则是对建筑使用功能的最高评价(图2-4)。从人之所需出发,以人之所用为归宿。

从建筑的绿色发展来看,"以人为本"须以人的生存为本,以人的使用功能为本,即必须以满足人的基本需求为根本的出发点和归宿。"诗意生活"应当作为建筑绿色发展的战略目标,其宗旨映射在建筑的社会伦理问题上,即应秉持公平正义的原则,营造绿色健康的人居环境。人的自然属性驱动人类社会营造安居乐业、(居住、活动空间)健康舒适的生活条件,这是由人的基本物质需求所决定的。而在其之上,对"无形"的精神世界的追求,则是为了实现"物我同境""天人合一"的和谐境界。因此这是物质世界与精神世界协调发展的结合体,即考虑经济之基础,思考人之情感,是建筑绿色发展永恒追寻的理想。

图2-4 诗意生活

(六)绿色行动、持续发展

(1)联合国(UN)的行动

为实现全球的可持续发展,联合国及世界各国纷纷采取绿色行动。20世纪70年代以来,联合国召开了3次具有里程碑意义的环境与发展大会和2次重要的人类居区大会以及气候变化会议,为绿色建筑的兴起提供了良好的国际环境。其中重要的会议及颁布的文件包括：

《联合国人类环境会议宣言》标志着全球环境意识的觉醒；

《我们共同的未来》提出了"可持续发展的明天"；

1992年《21世纪议程》《地球宪章》提出了"全人类的使命"；

以人类居住可持续发展为目标召开了"人居一"与"人居二"会议，"人居一"为联合国人类居住会议，是使世界注意居住问题的历史性会议；"人居二"于1996年举行，探讨两个同样具有全球性意义的主题，即"人人有适当住房"和"城市化世界中的可持续人类居住发展"；

1997年《京都议定书》的颁布则是绿色发展重要的一大步。

（2）国际建筑师协会（UIA）的行动

在绿色行动中的每一个重要的十字路口，人们一直在努力寻找前进的方向。人与环境问题开始越来越多地引起思想敏锐的建筑师的重视，这一点从国际建筑师协会（UIA）世界建筑师大会的主题上可见一斑。如1978年世界建筑师大会的主题为"建筑与国家发展"，1981年为"建筑·人·环境"，1993年为"处于十字路口的建筑——建筑可持续发展的未来"，等等。除此之外，还有两个重要的宣言：

《华沙宣言》提出了"以人为本，重视社会与环境的整体发展"；

《芝加哥宣言》提出了"人与环境的可持续发展"。

（3）世界各国绿色行动

早在20世纪60年代，发达国家和地区在经历能源危机和环境污染的公害事件之后，就开始探索有关"绿色行为"的发展战略与技术，逐渐成立了相关的技术协会、研发组织，并研究了相应的评价方法。如英国建筑研究所（BRE）推出的"建筑环境评价方法（BREEAM）"、美国绿色建筑委员会（USGBC）的"能源与环境设计先导的绿色建筑评价体系（LEED）"，以及由加拿大发起具有代表性的、多国参与的"绿色建筑挑战（GBC）"等。

中国较西方发达国家采取绿色行动相对更晚。我国根据国情一直提倡节约方针，并于1955年提出"适用、经济、尽可能美观"的建筑设计方针以及《绿色建筑技术导则》《绿色施工导则》和《绿色建筑技术指南》等，为"绿色"作出行动。

第二节　"生态、低碳、绿色"三位一体的设计方法

"SHENGTAI、DITAN、LÜSE" SANWEI YITI DE SHEJI FANGFA

> 能有所艺者，技也。
> ——庄子《庄子·天地》

论述"生态、低碳、绿色"三位一体的设计方法，首先从《"两观三性"理论引领下的横琴科技园区绿色发展解决方案研究》大课题中的主线关系（图2-5）入手，梳理出"两观三性"赋予"可持续发展观"的涵义，"可持续发展观"涵盖的属性以及理念，以及此设计方法在科技园区的实践成效，从中把握"绿色"要素，再以可持续发展模型进行评估，"绿色"结合实践验证，构建科技园区绿色发展的路径。在大的研究关系中把握"生态、低碳、绿色"三位一体的设计方法具有实际意义。

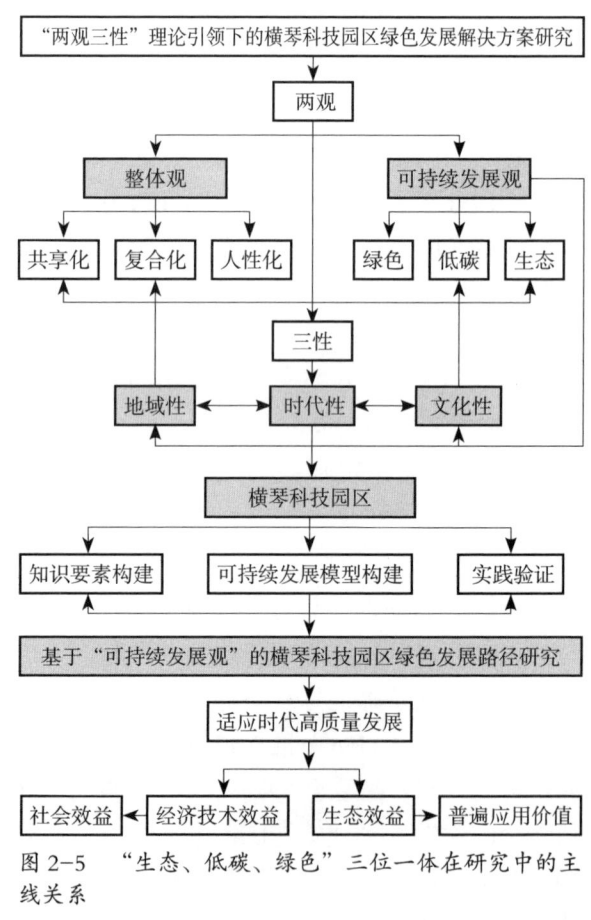

图2-5　"生态、低碳、绿色"三位一体在研究中的主线关系

基于"可持续发展观",论述"生态、低碳、绿色"三位一体的设计方法(图2-6),即主要运用三者的内在涵义以及技术方法,实现建筑的可持续化发展。可持续发展与其他相关涵义的关系可由下式表示:节能化∈低碳化∈生态化∈绿色化∈可持续化发展。

现在就我国"生态、低碳、绿色"三位一体的设计方法在不同时期的研究重点来阐述(表2-1)。1960年提出的"生态化",主要强调营造建筑与环境间的平衡;1970年提出的绿色化,侧重强调建筑全生命周期的高质量,与环境共生;1980年研究的"节能化",侧重强调的是建筑使用阶段的资源节约;1990年的"可持续化"研究,侧重强调建筑发展的代际公平与延续;而低碳化在2006年产生,侧重于全生命周期以碳排放作为保护建筑与环境的效果指标。①

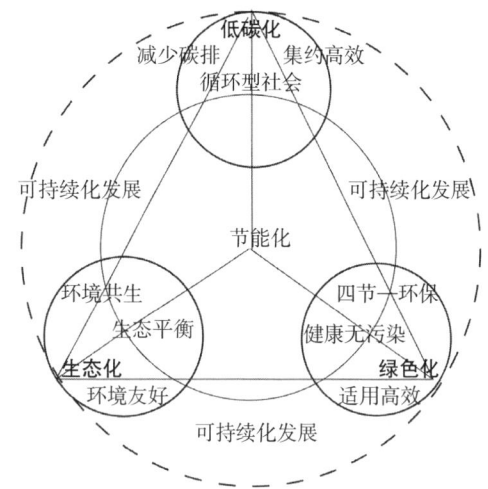

图2-6 "生态、低碳、绿色"三位一体关系图

表2-1 "生态、低碳、绿色"三位一体的研究

观点	产生时间	研究侧重
生态化	1960年	强调营造建筑与环境间的平衡
绿色化	1970年	强调建筑全生命周期的高质量、与环境共生
节能化	1980年	强调的是建筑使用阶段的资源节约
可持续化	1990年	强调建筑发展的代际公平与延续
低碳化	2006年	将全生命周期中的低碳排放作为保护建筑与环境的效果指标

---

① 单玮.生态理念下德高科技园办公楼低碳设计研究[D].南昌:南昌航空大学,2020.

一、生态——平衡建筑生存基地

> 生态平衡是一切生物赖以生存的基础。自然的再生循环是一切生物赖以生存的基础，是一种称之为生态系统的动态平衡统一体……一旦那种微妙的平衡被破坏，就有可能造成预料不到的有时是毁灭性的后果。
>
> ——B. 沃德、R. 杜博斯《只有一个地球》

"只有一个地球"是在1972年瑞典首都斯德哥尔摩召开的人类环境会议上提出来的。我们只有一个地球，经过几亿万年才形成我们赖以生存的环境。同茫茫宇宙相比，地球是渺小的，给予人类生存的面积不会随着时间的推移而增长，合理利用不可再生资源和可再生资源，保护生态环境是保护地球的必要手段。

因此，维护生态环境是人类终身的必修课，平衡建筑与环境生态是需要我们深入研究的课题。

（一）理念——"只有一个地球"

> "我们这个地球太可爱了，同时又太容易被破坏了！"这是宇航员遨游太空目睹地球时发出的感叹。我们只有一个地球，如果它被破坏了，人类别无去处。如果地球上的各种资源都枯竭了，我们很难从别的地方得到补充。我们要精心地保护地球，保护地球的生态环境，让地球更好地造福于子孙后代！
>
> ——B. 沃德、R. 杜博斯《只有一个地球》

（二）生态化的技术方法

"环境友好"概念是随着人类社会对环境问题的认识水平不断提高而逐步形成的。1992年在里约热内卢召开的联合国环境与发展大会通过的《21世纪议程》中正式提出了"环境友好"的理念。2002年世界可持续发展首脑会议对"环境友好"的认同程度进一步提高。同时，世界各国开始以全方位的视角认识"环境友好"的理念，涉及生产、消费、伦理道德等众多领域，比较一致的认识是：环境友好型社会，就是全社会都采取有利于环境保护的生产方式、生活方式、消费方式建立人与环境良性互动的关系。

"城市环境友好"是城市在实现生态城市与可持续发展目标过程中经历的过渡形态,强调人与环境的充分协调和相互友好,客观反映在一定时期内城市在现有自然环境、资源禀赋、经济水平、社会文化等因素制约下,通过一系列环境保护与生态建设举措,所能达到的最佳生态环境状况、最优资源配置模式、最宜思想行为方式。

有关城市环境友好的实践和研究比有关生态城市的少,且主要在日本和欧洲部分城市尝试进行,关注重点还各不相同(表2-2)。如日本东京强调自然资源与能源的合理利用、城市污染与消费者污染的控制、生态社会建设的推进、废弃物管理体系的完善。波兰格丁尼亚市,大力推进固体废弃物处理系统的建设、水环境的修复、自然保护体系的构建、空气质量的提高、城市基础设施的节能、噪声污染的防治;挪威重视具有高水准的环境质量与居民生活水平,具有竞争力的商业环境,有助于健康生活方式的城市结构与城市环境,强调基于公共交通与步行的环境友好型交通系统,注重自然与文化的城市。

表2-2 日本、波兰和挪威城市环境友好建设思路一览表

城市	主要思路	具体内容
日本东京	自然资源与能源的合理利用	鼓励环境友好的生活方式与群体行为
	城市污染与消费者污染的控制	包括解决废气、噪声、振动等环境问题,通过改变消费方式对机动车污染进行控制
	生态社会建设的推进	包括向市民、企业进行废弃物回收等方面宣传,构建行业和社会层面闭合循环体系
	废弃物管理体系的完善	包括促进废弃物的减量化与回收利用
波兰格丁尼亚	固体废弃物处理系统的建设	包括信息公开与宣传教育、废弃物处理厂的建设、固体废弃物收费政策的制定等
	水环境的修复	包括污水收集、雨水管网建设、河道生态修复、地方社区及旅游者环保意识的宣传教育、环境标准的科学制定、城市景观的关注等

（续上表）

城市	主要思路	具体内容
波兰格丁尼亚	自然保护体系的构建	在波兰城市规划中加强区间合作保护和对环境保护的关注
	空气质量的提高	包括污染源的控制、轨道交通建设、汽车交通体系的改进、大气监测网络的完善等
	城市基础设施的节能	包括街灯节能计划、家庭节水计划、供水系统的改进、工厂节能技术的推广等
	噪声污染的防治	包括降低噪声技术的推广、超标地区隔声屏障的设置等
挪威	1. 具有高水准的环境质量与居民生活水平	
	2. 具有竞争力的商业环境	
	3. 有助于健康生活方式的城市结构与城市环境	
	4. 强调基于公共交通与步行的环境友好交通系统	
	5. 注重自然与文化的城市	

综上所述，城市环境友好的建设思路是城市实现生态与可持续发展目标的必要方法，即通过一系列环境保护与生态建设措施，实现生态城市与可持续发展的目的。良好的生态环境，使建筑赖以生存的基础得以平衡，也映射出节能、低碳的涵义。

二、低碳——保护建筑生存环境

（一）理念——向循环型社会转型

循环型社会的定义：避免产品成为废弃物，将产品转变为循环资源。对废弃物中有用部分进行适当的处理，减少天然资源的浪费，并尽量减轻社会环境的负担。

循环型社会的形成要依据经济的可行性，自愿而积极地开展相关行动，秉承减少环境负荷、发展健康型经济、实现可持续发展的社会这一宗旨。2000年日本制定了《循环型社会形成推进基本法》，这是基于环境基本法的基本理念制定的循环型社会的基本原则（表2-3）。

表2-3　日本循环型社会形成的基本原则

条目	概述	条　文
第3条	循环型社会的形成	依据经济的可行性，自愿而积极地开展相关行动，必须本着减少环境负荷、发展健康型经济、实现可持续发展的社会这一宗旨
第4条	合理的职责分担	循环型社会的形成，政府和地方团体、企业事业单位、国民个人都要在各自职责范围内采取必要的措施，而且这些措施所需费用应该由相关部门适当地公平分担
第5条	控制原材料、产品产生的废弃物	关于原材料、产品，如果属于循环资源，在利用或处理时要尽量减少环境负担，原材料应有效利用，产品应尽量延长使用寿命等，通过这些手段抑制废弃物产生
第6条	循环资源的回收利用及处理	关于循环资源，通过减少处理量，减轻环境负担，应尽量循环利用。对循环资源做回收利用及处理时，必须保证不会对环境保护造成不利影响
第7条	循环资源的回收利用及处理的基本原则	对循环资源进行回收利用及处理时，依技术及经济上的可能程度，应最大限度地按如下事项减轻环境负担。如果确定不按照如下事项执行也能有效减轻环境负担，应考虑不执行。循环资源的全部或一部分中有可以再利用的必须再利用。循环资源的全部或一部分，对于前项所述不能再利用却可以再生利用的必须再生利用。循环资源的全部或一部分，对于第一项规定的再利用和前项规定的再生利用都不可能的，需进行循环利用，如可以热回收应对其热回收。循环资源的全部或一部分，对于第三项规定的不可循环利用的，必须做处理

综上所述，结合前文论述的"低碳"所具有的节约、高效原则，以及根据对循环社会理论的理解，本书提出了"低碳——保护建筑生存环境"，其所具有的节约、高效原则既符合循环型社会的基本原则，又遵循循环型社会"减少环境负荷、发展健康型经济、实现可持续发展的社会"的宗旨，因此也说明，向循环型社会的转型，是"低碳——保护建筑生存环境"的基本理念和必要策略。

（二）低碳化的技术方法

1. 节约法

"节约法"指遵循"节地、节水、节能、节材"四原则，加以智慧化地运用设计，使其满足节约资源的要求，即"四节"+"智慧化"的基本设计法则。

节地设计。"规划与设计要突出强调均衡性、多样性和协调性。应充分体现所在地域的自然环境和历史文化渊源，要因地制宜进行创作，力求创造出具有时代特点与地域特征的空间，营造自然、舒适、安全的空间环境。"建筑作为一个开放的体系要与周围的环境构成一个统一的整体，所以低碳的建筑在选址上应该体现人文低碳与生态低碳的结合，因地制宜，结合当地的气候特征和其他地域条件，最大限度地利用自然采光、通风等减少能耗和污染。

节能设计。这是我国合理利用资源、科学运行管理等减少资源消耗、减少环境污染，走上可持续发展路径的必要措施。建筑领域一般从建筑选址、体形设计、建筑维护结构、自然采光技术、绿色照明、自然通风、材料的绿色选用、建筑节水等几个方面进行节能、设计，下面从体形设计、维护结构设计、材料的绿色选用、节水设计和节材设计五个方面进行说明。①

体形设计。在设计节能建筑的体形时需要对该地区的气候条件、建筑物朝向、结构保温情况、太阳辐射强度等因素进行充分的考虑，同时也要很好地权衡建筑的热量得失，最好再将这些因素进行组合与优化。通常情况下，在其他条件都基本相同时，建筑物的耗热量指标会随着建筑体形系数（体形系数是建筑物和大气接触表面积与大气接触所包围的建筑空间体积的比值）增加而增加。正因为如此，在进行节能建筑设计时，要尽可能减少建筑体形系数，一般的建筑物体形系数要尽量控制在0.3以下。要通过增加建筑物层数，减少建筑面宽，加大建筑的进深，将建筑平面布局设置为紧凑型，合理控制建筑的体形凹凸变化等措施来降低或控制建筑的体形系数。

维护结构设计。在对围护结构的节能进行设计时，可运用提高并改善围护结构热工性能的技术，比如用真空玻璃技术或者外墙保温技术、复合保温技术等，使外墙面的热工性能得以提高；用屋面保温新型材料、种植屋面等形式来使屋面的保温性能有所提高；尽量采用节能玻璃、节能型窗框，在太阳辐射较强的地区，要尽量采用好的遮阳材料和设备。除此之外，室内气温还会受到地

---

① 任俊宇. 创新城区的机制、模式与空间组织研究[D]. 北京：清华大学，2018.

面热工性能的影响，建筑楼地面构造如果设计得较好，就能提高舒适度，降低能耗。

材料的绿色选用。传统的建材工业的资源和能源消耗大，对于生态环境的污染程度也比较高，当前的情况难以符合可持续发展的要求。因此在选用建筑材料的时候一定要大力提倡"绿色低碳"理念，并将其落实到建材行业，加快建材生产和建材产品的绿色化发展步伐。

节水设计。低碳的建筑节水首先应该大力倡导使用节水型器具，其次应该在适宜的范围内通过技术经济的比较，将雨水和污水进行收集处理，循环利用。

节材设计。倡导就地取材，注重材料的再利用、材料绿色等，并注重结构体系、建筑材料绿色、建筑装修、建筑施工和废弃材料再生利用等方面。材料绿色指的就是不用或者少用天然资源和能源，大量使用清洁生产技术，以及使用无毒害、无污染、无放射性，并在使用期满以后可以回收利用、对环境和人类健康有益的建筑材料。材料再利用是将废弃的建筑材料通过科学的技术方法再回收利用，实现节约、低排放的目的。

2. 减排法

低碳减排随着全球低碳经济的要求应运而生。低碳经济（low-carbon economy）的概念源于2003年英国的能源白皮书《我们能源的未来：创建低碳经济》（*Our Energy Future: Creating a Low Carbon Economy*）。其直观定义是为改善和保护气候环境，各种经济活动在二氧化碳排放量显著降低的条件下所运用的经济模式。低碳建筑（low-carbon building）源于为应对2003年低碳经济要求而于2006年启动的建筑项目，即采用各种技术提高建筑能效，碳排放量显著减少的建筑。低碳化建筑是根据全生命周期的碳排放量来评价的，如龙惟定等指出低碳化建筑是与约定的历史基准线相比，实现了实质性减排的建筑[①]。

落实建筑低碳化发展，需要从建筑设计阶段就开始，对建筑各阶段的碳排放进行考虑。进行建筑低碳化研究，首先需了解建筑低碳化的特征，即地域性特征、外部性特征、经济性特征、全生命周期视角、指标化效果导向。因此针对建筑实质性减排，应结合当前时代的建筑设计特征，进行低碳设计，主要设计方法有主因素法、综合策略法、性能

---
① 龙惟定等. 低碳经济与建筑节能发展[J]. 建设科技. 2008(24)24:15-20.

模拟法、BIM 技术法、评价指标法、类型学法。

主因素法：从主要的低碳因素入手，把其作为建筑设计的首要影响因素，从而展开具体的、针对性的低碳设计，进而降低建筑整体的碳排放。

综合策略法：将影响建筑低碳化的因素尽量都考虑到建筑设计中，形成以低碳为出发点的综合性设计理念。目前此类低碳设计多为重视应对气候的综合策略，如《设计结合自然》扩展了传统的设计规则，将其提升至生态科学的高度，阐述了建筑设计与自然环境之间不可侵害的依赖关系。通过综合策略法实现建筑的节能减排涉及建筑各元素（图2-7），此方法对建筑低碳设计进行了系统化、综合化的体系研究。其主要思路是从节能低碳的要求出发，综合考虑建筑的各方面因素，强调建筑各元素的环境适应性。

性能模拟法：通过前文关于建筑设计的特点可知，建筑设计是动态性的，

图 2-7 综合策略法所涉及元素

是随着方案的不断推敲和优化而发展的。性能模拟法正是基于设计阶段边界条件的不断变化，通过计算机模拟技术进行低碳性能效果的模拟。

BIM技术法：在21世纪以依赖电脑辅助为主的建筑设计方法中，建筑信息模型（building information modeling，BIM）是重要的组成部分。BIM是以三维数字技术为基础，集成了建筑工程项目各种相关新型的工程数据模型，是对工程项目设施实体与功能特性的数字化表达。从定义可得，BIM技术的设计方法特点是通过三维模型使方案实现具体的可视化，BIM模型重点不仅仅是建筑模型，更是建筑相关数据信息的集合，便于各工种的协调合作。

评价指标法：各国和地区通过建立不同的绿色建筑评价体系（green building rating system，GBRS）推动和引导建筑的绿色低碳发展，CO_2相关指标已在多数绿色建筑评价体系中成为重要指标。目前包含碳排放要求的绿色建筑评价体系代表有：英国的BREEAM，美国的LEED，德国的DGNB，日本的CASBEE，中国台湾地区的EEWH和中国大陆的《绿色建筑评价标准》等。国内关于控制建筑碳排放的相关标准还有《建筑碳排放计算标准》（GB/T 51366—2019）和《民用建筑绿色性能计算标准》（JGJ/T 449—2018）等。通过评价指标来指导建筑设计，多涉及建筑性能的优化（building performance optimization，BPO）。

类型学法：通过总结具体的建筑形式，抽象成不同类型原形，同时引入节能概念，以此找到低碳节能的基本图式。如夏冰总结的八种类型的建筑，不同类型建筑的碳排放也不同（图2-8）。

通过对建筑"减排法"的六种设计方法进行论述发现，六种设计方法各有特色，在具体建筑项目设计中，会根据侧重要求和现实条件综合采用不同的设计方法，各类建筑低碳设计方法之间是相互配合、相互补充的关系，相辅相成以达成建筑减排的目的。例如，在众多BIM软件中会包含各种能耗及碳排放模拟的插件，插件的参数选项一般包括建筑各种要素（如围护结构、材料、功能空间定义、结构选型、通风量、室内温湿度数据等），帮助设计者通过相关建筑因素进行针对性的或全面性的设计研究。因此，通过厘清建筑低碳设计研究方法的特点和关系，可以根据具体情况选择合适的理论知识指导方法论，从而有效地实现建筑降低碳排放。

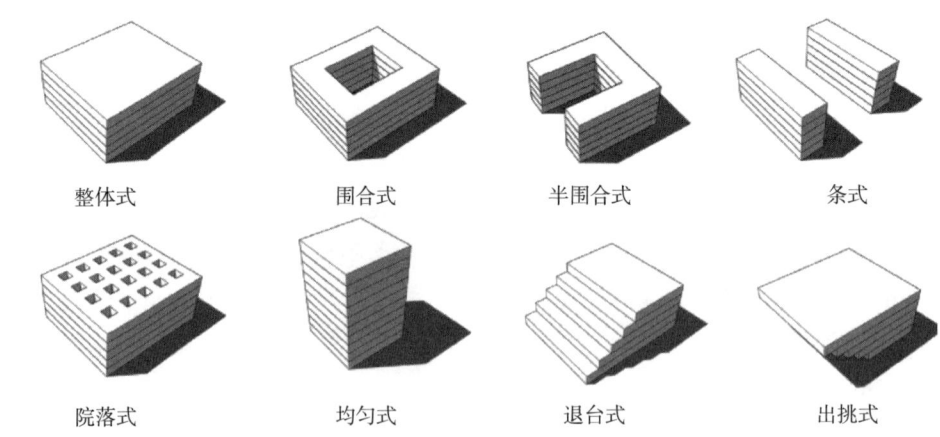

图 2-8　建筑类型学法

三、绿色——创造建筑与环境共生

（一）理念——城市可持续发展

1991年Brenda和Robert Vale合著的《绿色建筑：为可持续发展而设计》提到：城市可持续发展，强调的是城市发展的代际公平与延续。

随着近年来生态城市及可持续发展城市的广泛实践，决策者与科研人员逐渐认识到各个城市的自然环境、资源禀赋不尽相同，很难用一套简单的统一指标来衡量和考核，并且人类在关注城市共性的同时更应强调它的个性，因而城市的建设与发展应该是一个"百家争鸣"的过程，只有充分了解每个城市个体的历史、现状，才能提出一套适用于这个城市的可持续发展道路。

可持续发展的范围涵盖了环境、经济和社会等各个层面，并具有系统整合的特性，因此可持续性的指标需具有下列特征：①能够明确可持续发展的政策、目标和行动纲领；②可以诠释环境、经济、科技产业和社会的平衡关系；③具有"压力—状态—响应"（PSR）的模型构架，用以评估人类活动与环境之间的互动关系；④指标值的选取应可计算或至少能够被观察到，其数据已经存在或者可以获得；⑤必须明确与建立指标相关的方法论，并且具有成本效益；⑥指标建构需具有政治的接受性，且具有促进和影响决策的功能；⑦指标应具有广泛的社会接纳度，并能成为可持续发展与社会之间强有力的交流与沟通工具。

城市可持续发展的理念其实是为追求"平衡、保护城市环境"。因此可持续发展理念的有关技术发展的研究成果、指标不仅可以作为决策的依据，还可以用来评估可持续政策推进的绩效。

（二）绿色化的技术方法

绿色化的建筑设计应坚持"可持续发展"的理念。理性的设计思维方式和科学程序是提高建筑环境效益、社会效益和经济效益的基本保证。

实现可持续发展的一个有效策略是绿色创新，绿色创新可以在建筑存在于环境中取得环境价值、社会价值、经济价值，具有高品质特性，可以有效促进可持续发展。

绿色化的建筑技术方法应遵循"关注建筑全生命周期，提倡健康舒适、低耗无害以及材料的可循环利用""适应自然条件、保护自然环境""创造适用与健康的环境""加强资源节约与综合利用，减轻环境负荷"四项基本原则。下面重点介绍绿色化技术观的"健康性与舒适性"特点和技术运用。

1. 健康性与舒适性

建筑物应具备的主要性能为安全性、耐久性、经济性、便利性、舒适性和创造性。

安全性是指结构上的安全性，以及防火和防灾方面的安全性。自重和承载这种承重结构的安全性自不必述，而屋顶、外墙、梁柱的耐火和防火结构等方面也必须重视，比如建筑中紧急疏散的逃生通道应宽阔并具备不燃性。安全性对于建筑而言处于头等重要的地位。

建筑物具有耐久性就等于节省资源，即使初始成本稍高，建筑物全生命周期进程中的年度成本却相对较少，则经济而合算。

便利性在建筑的合理利用方面是占重要地位的，从某种意义上说，人与物的合理流动与节能具有密切的关系。但是，也不能为了追求便利而让建筑空间单调乏味，失去生活乐趣。安藤忠雄所创作的荣获日本建筑学会奖的"住吉长屋"，虽然下雨天要打伞去厕所，但中庭狭窄的通道里能让人呼吸到外界空气，感受自然、季节的变化，亦是一种成功。

所谓舒适的环境，就局部而言即指外部环境的热、光、空气和声音所带来的生理上令人感到舒适的室内环境。总之，就是追求一种冬暖夏凉的建筑空间。但是，如果通过破坏环境而达到这一目的，就很难说是真正意义上的舒适。

总之，从友好善待环境，即尽量平

衡生态环境，到循环型社会，即不增加环境负担，提倡循环利用、长寿化使用建筑材料，再到可持续发展战略，目的均是亲密接触自然，不破坏生态环境，谋求建筑与自然一体化，并通过人与自然的沟通，即尊重传统文化、创造惬意空间，使建筑健康舒适，与环境共生。

（1）健康性

建筑的保温、防结露与遮阳的问题均涉及居住其中的人的舒适性。

北方的高保温需求，使得建筑相对密闭、厚重；此外北方冬天室内外温差大，使得建筑容易结露；据调查，北方易出现脑梗阻、脑中风等病人，且因居住环境的不同脑中风的死亡率也有很大差别，据该项研究，死亡率高的市镇，居住室和厕所的温度相差较大。

为了达到建筑物保温、防结露的目的，应尽量降低更衣室、厕所与居室的温差，可能的话整个建筑物可采用较厚的隔热保温材料，尽量不要将整个房间温度设得太高，应通过保温材料、内墙表面温度使室内温度上升，从而减小室内温差，增加舒适度。

空间密闭性程度是造成房屋装修综合征的原因之一，是影响室内健康的关键因素。如污染空气的不清除、防潮措施不充分，密闭性空间会带来结露等现象，甚至带来其他危险，从而影响人的健康。据研究，为了人体健康，高密度性的空间需要$30m^3/h$的换气量，而中、小密度空间则不需要。除此之外，不同材料的建筑密闭性程度也不同，如木构建筑，其换气次数与室外风速有关，一般每小时2—3次，通风效果也因木材属性效果会更佳。相比之下，钢筋混凝土建筑比木构建筑换气要多一次，需一小时换气一次。

然而空间高密闭化在节能上具有一定的优势，如$120m^2$的建筑，当室内外温差10℃时，需热损耗1kW，这一数值足以与高密闭性建筑的外墙热损耗匹敌。因此，当节能需采用高密闭化时则需注意以下几点：①以天然、绿色建材营建建筑；②非必要不使用主动节能；③注意室内通风流畅，设置主动优先、被动为辅的通风系统，及时排出室内废气。

南方气候湿热，建筑的自然通风、遮阳是衡量建筑舒适的主要指数。自然通风（主动、被动）是一种改善人与环境的重要手段，也是一种比较成熟而廉价、朴素的技术措施。通过合理的建筑设计，自然通风可在不消耗不可再生能源的情况下降低室内温度，带走潮湿气体，排除室内污浊的空气，达到人体热舒适，并提供新鲜清洁的自然空气，有利于人的生理和心理健康，减少人们对空调系统的依赖，从而节能，降低污染，防止空调病，达到建筑的健康和舒适。遮阳能通过外遮阳、内遮阳和中间遮阳等形式有效阻挡太阳的辐射，从而使建筑室内空间的环境达到舒适。

（2）舒适性

生理上的舒适性是通过清新的空气与合适的热量给予保证的。室内因装修或其他建筑材料产生的空气污染物必须通过有效的通风换气除掉，或通过科学技术手段控制其源头。

二氧化碳本身并没有毒性，与它的增加成正比的是臭氧和尘埃的增多，所以，便于检测的二氧化碳就被用作衡量空气污染的指数。

人在摄取食物、氧气时，经新陈代谢产生热量，在静坐时，$1m^2$的体表面积产生的热量可达59.2W，成年男性的体表面积约$1.6\sim1.7m^2$，散发的热量约为100W。热量亦随工作强度的增加而增加。新陈代谢产生的热量通过对流向空气传递，出汗、呼吸等造成人体水分蒸发，同时向四周墙面进行热辐射、向地板进行热传导，以此保持人体的热平衡。散热的比例：对流和蒸发各占20%～30%，热辐射占40%～50%，热传导的部分则视与地板接触面积的大小而定。室内空气的温度、湿度、风速及周围墙面的温度影响散热的多少，专业上称为温暖四要素。1920—1960年提出的温暖环境指标都是围绕四要素中的几项内容来作调整组合，然后以温度方式表示出来。1970年以后的指标采用了新有效温度和PMVL来表示，增加了人的着衣量、工作强度，变成六要素。这些温暖环境指标的研究是以冷热适中，即所说的热环境适中作为衡量舒适的标准。

2. 技术的运用

（1）再生能源的利用

对太阳能、风能、水能、光能等再生能源的有效利用是绿色技术的显著特征。下面介绍几种再生能源利用方法。

太阳能的被动利用：通过了解太阳的运动规律，分析太阳位置，得出北纬35°夏至时为81°34′，春秋分时为55°，冬至时为31°34′。再通过对日辐射热的研究，能知道夏至、冬至的水平面与南面受热量不同，大气透射系数越小、太阳高度越高，水平面辐射量越大，而垂直面的辐射量为水平面的1/2。通过以上研究，可以对太阳能作出针对性的利用，如直接收益式的太阳能利用，即室内可获取透过玻璃的日照热（图2-9）。透明玻璃的日照透过率在45°入射角以内可达85%～90%，而入射角达60°～70°时

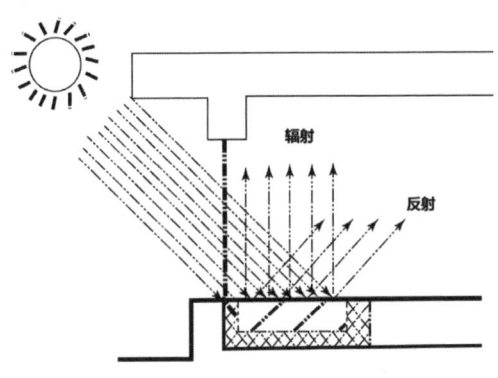

图 2-9 太阳能的被动利用

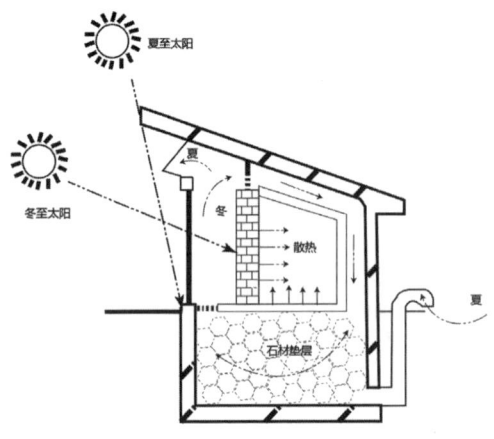

图 2-10 温室利用型

透过率便开始急剧下降,这就说明,冬天日照可有效进入室内,夏天的日照则难以进入室内。已经照射到室内的日照可以使地面、墙面受热,受热面若采用日照吸收率高、蓄热性能好的材料效果就会更为明显,日照的热量以短波散热为主,所以材料颜色越暗吸收率高。但是经地板反射到墙壁、顶棚时,吸收率与颜色的关系就不再那么明显。其次,蓄热性的强弱取决于热容量。热容量数值用材料质量与比热的乘积来计算,比热是单位物质温度上升或下降1K(1℃)所需要或释放的热量。如15℃水的比热是4.2kJ/(kg·K)。目前室内地面大多采用的蓄热材有水泥、砖和瓷砖等。

屋顶水池式太阳能利用的是屋面洒水,如上所述,水的热容量大,因此,把水盛装置于屋顶,可作为空调使用,这种方法叫屋顶水池方式。冬季,白天盛水吸收日照热量,夜里用隔热门覆盖上部,使其向室内散热;夏季夜里盛水装置置于室外冷却,到白天用隔热门覆盖上部,使其吸收室内的热量。

空气热源的被动式太阳能利用即"温室利用型方法"(图2-10)。阳面的居室开设较大的窗口作为阳光室,冬季时就会有以下特点:①低位的日照使室温上升,同时内墙蓄热体的温度也因此而上升;②温度升高的空气通过自然循环或利用风扇可在墙体内流动,地板下面的石块垫层升温并返回到室内;③蓄热体可向阴面房间散热。夏季时,因温室空气温度上升，造成的上升气流从上方换气口排出，促进建筑物整体的换气。此时，进来的空气经冷却管冷却，还可以达到除湿的目的。像这样发挥建筑材料的透射性、蓄热性及隔热性，再通过建筑造型的手段来利用太阳能就是被动式太阳能系统。

清洁风能：风能因其资源无尽、分布广泛、清洁无污染的优势，运用前景广阔。风能的大小与风的速度、方向、密度以及时间长短有关。目前利用风能的方式主要有风力提水、风力发电、风帆助航和风力制热等。其中风能发电是风能利用中最受推崇的方式之一，目前风能发电是我国第三大发电形式，具体发电模式有大型风电场和小型风电场。

除此之外，水能发电以及多种再生能源的综合利用，皆主要通过自然能源有效蓄能，将其转换利用，对建筑的资源利用、节能具有显著的效果，具有绿色特色，符合可持续发展趋势。除此之外，注重新能源的开发和利用，将是建筑绿化的新机会和面临的挑战。

（2）绿化效应

绿化的自然生命力可以抚慰人的情绪，具有宜人的功效，屋顶绿化具有改善建筑顶层空间及夏季室内热环境、降低建筑能耗、减弱风势、吸收噪声、吸收空气中烟尘及有害气体等污染物作用。如果从城市层面上看，还具有防止城市热岛效应的作用（图2-11）。在夏季，建筑物的屋顶受到日照后，部分太阳辐射被吸收流入室内，而其中很大一部分被绿化吸收，从而减轻空调负荷。

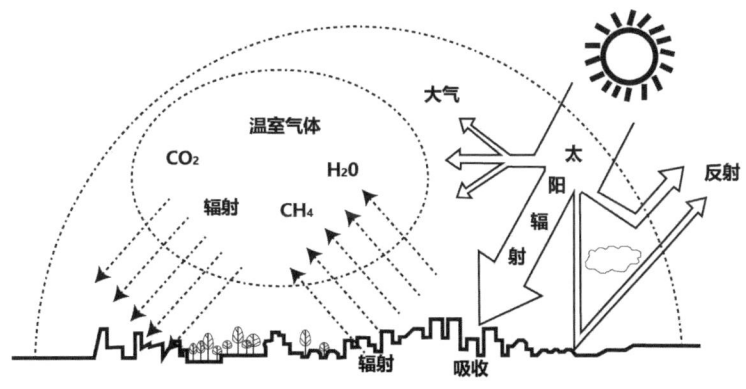

图2-11 通过绿化、微气候降低城市热岛效应

人工轻质土壤的隔热效果良好，在具体实施屋顶绿化时，应注重屋顶的防水、排水、楼板承重以及植被的选取等方面，但不能以失去建筑的安全性和功能性的代价来追求屋顶绿化。

除了屋顶绿化，墙面绿化也能达到调节气温的效果。经过绿植的覆盖，在夏季阻挡太阳日晒，能防止墙面温度上升。逢春冬季落叶植物以朝阳侧为中心可得日照，常绿植物可强化外墙附近气流，能抑制热对流，达到保温效果。由此可见，具体实施墙面绿化时应注重植被的选型。

（3）节能设备的选用

在选取设备时，优先选取节能、智慧的设备，降低建筑在运行时的能耗，助力实现建筑绿色发展。

区域集中供冷暖是指由单个或多个成套设备产生的冷热水、蒸汽，经管网向多处建筑输送的方式。区域冷暖空调的优点有：①设备集中使用，形成规模效应，可以节能；②可以利用河水、海水等温差和废弃物、废热能等；③每个建筑不需热源空间，增加有效面积，并减少建筑的运营管理成本；④较大灾害等非常时期，蓄热槽、水箱等可以向地区开放，满足消防和生活用水。区域集中供冷暖技术经过创新，现在在实际项目中已运用相对广泛。

热电联产指从一次能源中可同时得到两种以上的二次能源的系统，通常利用城市煤气、石油以及可再生能源等燃料发电过程中产生的废热获取蒸汽、热水。因此，通过热电联产的普及，可削平电力的峰值，促进绿色、均衡化发展。

上述内容在理论上从健康性、舒适性等方面论证了建筑绿色发展应具有的品质特征。在技术上，从建筑全生命周期视角，介绍了建筑的保温、隔热以及防结露等技术方法，目的在于建设本土化、低耗高效、集约健康、长寿化的"绿色建筑"，使建筑适应时代发展，保持可持续发展。

第三章 "可持续发展观"下的高科技园区绿色发展路径

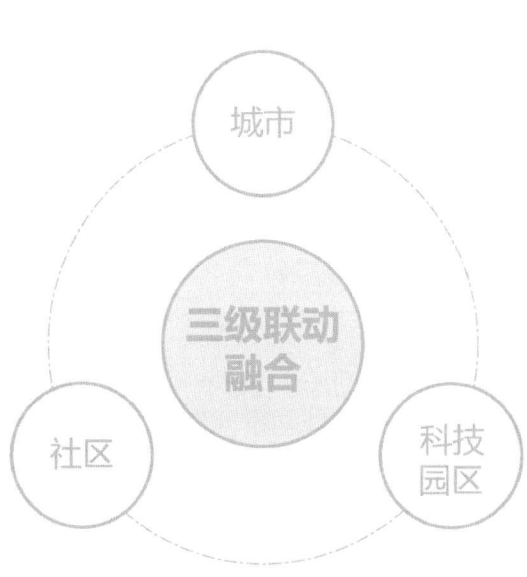

第一节 高科技园区的发展概述
DIYIJIE GAOKEJI YUANQU DE FAZHAN GAISHU

> 建筑是一门最不完善的艺术探讨。
> ——黑格尔《美学》(第三卷·上册)

一、高科技园区的发展历程

美国第一个以研究科学技术为主的研究园区是1948年由斯坦福大学在加州的罗帕克市创办的,在特曼的倡导下,1951年斯坦福工业园创立。随着科技园区的不断发展,相关协会组织相继出现,如1984年成立的"国际科技园协会"与"英国科学园协会",1986年成立的"大学相关研究园区协会"。

世界的科技园区发展历程大致可分为几个阶段,见表3-1。

表3-1 科技园区的发展历程

序号	发展阶段	内容
1	起步阶段 (20世纪50—60年代)	始于美国的斯坦福研究园,为取得领先优势,世界上一些经济发达的工业化国家开始相继创建科学技术园区
2	成长扩散阶段 (20世纪60—70年代初)	在东欧,1959年苏联开始兴建西伯利亚科学城,1961年又在莫斯科南郊普希诺建立了普希诺科学城——生物科学研究中心;在亚洲,日本从20世纪60年代后开始从贸易立国转向技术立国,1968年开始实施筑波科学城计划
3	低潮时期 (20世纪70年代)	进入20世纪70年代后,受石油危机的影响,经济危机波及西方各国,失业率上升,使得高新技术产业的发展严重受阻;但亚洲新兴工业化国家和地区经济发展迅速,1974年,韩国效仿日本的模式,开始建设韩国第一座科学城——大德科学城

（续上表）

序号	发展阶段	内容
4	快速发展阶段（1980—1989年）	近10年间全球科技园从100多家猛增到600多家，在新技术革命浪潮推动下，美国高新技术产业迅速发展并向全世界推广，20世纪80年代末全球已有34个国家和地区建有科技园区
5	蓬勃发展阶段（1990—1999年）	一方面，发达国家的高新技术产业取得了巨大的发展，以产业发展为导向、以产业链、产业集群形成为主要特点的专业化园区迅速成长，如"软件谷""生物谷""光谷"等专业园区大量出现，形成了一定的产业聚集规模和区域联系。另一方面，新兴工业化国家和地区认识到低成本的劳动力竞争并非长久之计，关键是技术创新
6	稳定发展阶段（2000年至今）	21世纪初，在摆脱新经济泡沫破灭带来的衰退之后，世界经济连续5年保持4%（按照国际货币基金组织PPP方法核算）以上的增速，因此，2000年至今成为20世纪60年代以来科技园区发展的最高增长期

科技园区主要有：孵化区、科技工业园、高技术地带、技术城、科学城等类型。根据2022年国际科技园协会（IASP）的研究统计数据显示，目前世界上已建立的科学技术园区主要组成元素见表3-2，科技园选址与城市规模的关系见表3-3。

表3-2 科技园区内主要组成元素

主要组成元素	孵化器	研究院	大学中心	居住设施	休闲设施	服务设施	其他
含该元素的科技园占比	91.6%	80.7%	42.9%	21.8%	59.7%	42.9%	25.2%

表3-3 科技园选址与城市规模的关系

城市规模	大城市	中城市	小城市	非城市区
科技园选址比例	35.3%	13.4%	45.4%	5.9%

二、我国科技园区发展概况

1978年12月在党的十一届三中全会上提出了经济体制改革的任务，将工作重心转向现代化经济建设，推动了中国沿海经济特区的崛起。在发展过程中，我国又相继出现了两个类型的开发区：经济技术开发区和高新技术开发区。

国家高新技术产业开发区以发展高新技术、开拓高新技术产业为目标，是知识、技术和人才高度密集的特定空间地域，同时也是促进科技与经济结合的一种新的社会组织形式。高新技术产业开发区在我国的兴起大体经历了孕育、诞生、成长和发展等阶段。

（一）孕育阶段（1980—1985年）

1984年，中国科学院赵文彦等5名研究员提出了开发中关村地区智力资源的建议，提议在中关村建设高技术开发区，此提议得到了中央的重视。同时一批具有探索精神的科技人员相继走出科研院所和高等学校，创办科技企业，比如著名的北京"中关村电子一条街"。1985年3月，中共中央制定了《中共中央关于科学技术体制改革的决定》和批转了国家科委《新技术革命与我国对策研究的汇报提纲》。文件同时提出了要在全国选择若干智力资源密集的地区，采取特殊政策，逐步形成具有不同特色的新技术产业开发区。同年4月，国家科委向中共财政领导小组上报《关于支持发展新兴技术新兴产业的请示》，建议北京等几个实力雄厚的城市试办新技术产业区，此提议得到中央高度重视。7月深圳市人民政府与中国科学院联合创办了深圳科技工业园（现名为深圳高新技术产业园区），此园是指定的第一个高新科技园试点（表3-4）。

表3-4 科技园发展概况——孕育阶段

时间	事件	意义
1984年	中国科学院赵文彦等5名研究员提出了开发中关村地区智力资源的建议，提议在中关村建设高技术开发区，此提议得到了中央的重视。同时一批具探索精神的科技人员相继走出科研院所和高等学校，创办科技企业，北京"中关村电子一条街"开始发展	奠定社会科技创新的基础
1985年	3月，中共中央制定了《中共中央关于科学技术体制改革的决定》和批转了国家科委《新技术革命与我国对策研究的汇报提纲》。文件同时提出了要在全国选择若干智力资源密集的地区，采取特殊政策，逐步形成具有不同特色的新技术产业开发区。同年4月，国家科委向中央财政领导小组上报《关于支持发展新兴技术新兴产业的请示》，建议北京等几个实力雄厚的城市试办新技术产业区，此提议得到中央高度重视。7月深圳市人民政府与中国科学院联合创办了深圳科技工业园	指定第一个高新科技园试点

（二）诞生阶段（1984—1990年）

1984年，在"中关村电子一条街"的基础上，国务院批准设立北京市新技术产业开发试验区，同时颁布了相应的18条优惠政策；此后武汉、南京、沈阳、长春、广州、重庆、西安、兰州、上海等十几个城市相继建立了高新技术产业开发区，正式颁布了相关的政策，这对以后发展有重大意义。1985年，火炬计划开始实施，其中建设高新技术产业开发区和创业服务中心是该计划一个重要组成部分，此举为科技创新拉开了序幕（表3-5）。

表3-5 科技园发展概况——诞生阶段

时间	事件	意义
1984年	在"中关村电子一条街"的基础上，国务院批准了设立北京市新技术产业开发试验区，同时颁布了相应的18条优惠政策；此后武汉、南京、沈阳、长春、广州、重庆、西安、兰州、上海等十几个城市相继建立了高新技术产业开发区	正式颁布相关政策，对以后发展有重大意义
1985年	火炬计划开始实施，其中建设高新技术产业开发区和创业服务中心是该计划一个重要组成部分	为科技创新拉开序幕

（三）成长阶段

1984年，国务院批准在武汉、沈阳、南京、天津等地建立了26个国家级高新技术产业开发区，颁布了相应的优惠政策和认定办法（开发区高新技术认定办法和企业认定办法）。1985年开始拓展，国务院又批准在苏州、无锡、常州、佛山等地建立25个国家5A级技术产业开发区。1995年，科技部依托国家高新区开始组建"国家火炬计划"软件产业基地。1997年，国务院批准建立杨凌农业高新技术产业区等国家级高新技术产业开发区54个，同年，国务院批准部分高新区向APEC成员特别开放，显示出中国高新区在促进中国与APEC成员在高新技术产业领域合作与交流的作用（表3-6）。

表3-6 科技园发展概况——成长阶段

时间	事件	意义
1984年	国务院批准在武汉、沈阳、南京、天津等地建立26个国家级高新技术产业开发区，颁布了相应的优惠政策和认定办法（开发区高新技术认定办法和企业认定办法）	为以后发展奠定基础

（续上表）

时间	事件	意义
1985年	国务院批准在苏州、无锡、常州、佛山等地建立25个国家5A级技术产业开发区	开始了全面发展
1995年	科技部开始依托国家高新区组建"国家火炬计划"软件产业基地	—
1997年	国务院批准建立杨凌农业高新技术产业区等国家级高新技术产业开发区54个	—
	国务院批准部分高新区向APEC成员特别开放，显示出中国高新区在促进中国与APEC成员在高新技术产业领域合作与交流的作用	向世界敞开了大门

（四）发展阶段

随着经济快速发展，高新区在发展中面临土地资源日益稀缺、商务成本大幅提升等因素的制约，严重影响了高新区的可持续发展（表3-7）。

20世纪90年代末，国家暂停设立高新技术开发区的审批。2001年，科技部提出了高新区要进行"二次创业"的发展战略。"二次创业"的实质是加快培育自主创新能力，发展特色产业集群，形成新的竞争优势，实现由政策驱动、投资驱动向主要依靠创新力驱动的经济增长模式转变。2007年，国家仅批复成立宁波高新技术产业开发区，2009年批复2家；2010年井喷，批复26家；2011年批复5家；2012年批复17家。

表3-7 科技园发展概况——发展阶段

时间	事件	意义
20世纪90年代末	国家暂停设立高新技术开发区的审批	避免盲目过热
2001年	科技部提出了高新区要进行"二次创业"的发展战略。"二次创业"的实质是加快培育自主创新能力，发展特色产业集群，形成新的竞争优势，实现由政策驱动、投资驱动向主要依靠创新力驱动的经济增长模式转变	培育自主创新能力
2007年	国家批复成立宁波高新技术产业开发区	—
2009—2012年	2009年国家批复成立2家高新技术产业开发区；2010年井喷，批复26家；2011年批复5家；2012年批复17家	—

三、高科技园区的发展特征

高新技术产业开发区的分布和经济技术开发区一样，主要按照行政管理结构和区域经济发展水平而设，并未以科技资源的地理分布为主要因素来确定。从运营看，似乎更注重于吸引在工业生产上的投资，对高新区附近的大学和研究所产生的技术商品化重视不足。也有研究认为，高新技术产业发展的一个重要特点就是它的群聚性而不是分散性，因为高技术企业的群聚更有利于配套产品的供应和技术信息的交流，有利于技术进步和企业发展。

我国开发区建设在起步阶段取得了不小成就，但同时也存在诸如数量过多、面积过大、占用耕地、土地闲置、建设分散等问题。在用地上主要表现为粗放式扩张、布局乱、开发区之间相互压低地价等。近十几年来各地出现开发区"圈地"热，不少地方政府违法授予园区土地供应审批权，园区用地未批先用、非法占用、违法交易的现象严重。根据2020年自然资源部对24个省份的不完全统计，各类开发区规划占地面积不少于3万平方千米，超过现有城镇建设用地总量，同时对10个省市的上报数据进行统计，在3054平方千米园区实际用地中，未经依法批准的用地达2097平方千米，占比68.7%。主要问题为开发区用地闲置，浪费严重；规划和布局缺乏科学性，园区之间关联性不强；以低廉地价为首推优惠政策，园区之间相互压低地价；整体土地开发效益有待提高。针对这一现象，国务院及时提出了进一步整顿土地市场秩序要求，重点整顿开发区用地问题，规范开发区用地。

大规模的科技园区一般由产业区、研发区、高教区、居住区和服务区等组成，其中研发和产业建筑的规模从单幢建筑到建筑群不等，大型科技园区的空间尺度甚至达到了城市新区规模。园区中的建筑设计一般在城市规划和科技园区规划的控制指导下进行，高教区、居住区和服务区的建筑类型与城市公共配套建筑一致，建筑设计需要关注的重点及设计方法并无差别，只是在规模确定和功能组织上更有针对性，而较为特殊的建筑类型应是科技园区中的研发类办公建筑，这也是科技园区核心功能的建筑。由于近年来我国科技园区建设的突飞猛进，大量的科技研发建筑拔地而起，对于该类型建筑设计的方法和策略研究有相对滞后的现象。各地的科技园区设计往往都是从规模指标上追求突破，建筑设计的整体性、针对性和适应性相对不足。

科技园区的主要特征有：①大多数的大学科技园区建筑以功能主义为出发点，强调办公、研发空间的利用效率；②以建筑群体的组织构成研究工艺为依据，更多从工业化的管理流程逻辑考虑，对研发创新建筑的个性化关注不多；③多数采用智能化、模数化的研发办公模式；④对建筑外部空间的布局设置、场地自然生态衔接考虑较少；⑤配套功能完善度欠缺，交流空间不足；⑥逐步开始关注绿色生态技术在建筑设计中的应用。

第二节 "可持续发展观"与高科技园区绿色发展的内在关联
DIERJIE
"KECHIXU FAZHANGUAN" YU GAOKEJI YUANQU LÜSE FAZHAN DE NEIZAI GUANLIAN

通过上节对科技园区的发展历程以及发展特征的研究，发现科技园区在发展过程中的规律以及存在的问题，而科技园区的绿色发展则是对问题反思的结果，是实现可持续发展的重大举措。

本节主要论述"可持续发展观"与高科技园区绿色发展的内在关联，其中的内在逻辑关系如图3-1所示。

图3-1阐述了"知识城市"为城市的发展提供了可持续的大环境，提升了城市创造力，减少物质消耗与污染，实现了城市经济与社会的可持续发展。在"知识城市"的发展模式中，城市向多元化、复合化发展，实现了"城市空间规划"的自然有机，创建了城市、科技园区绿色转型、实现可持续发展的路

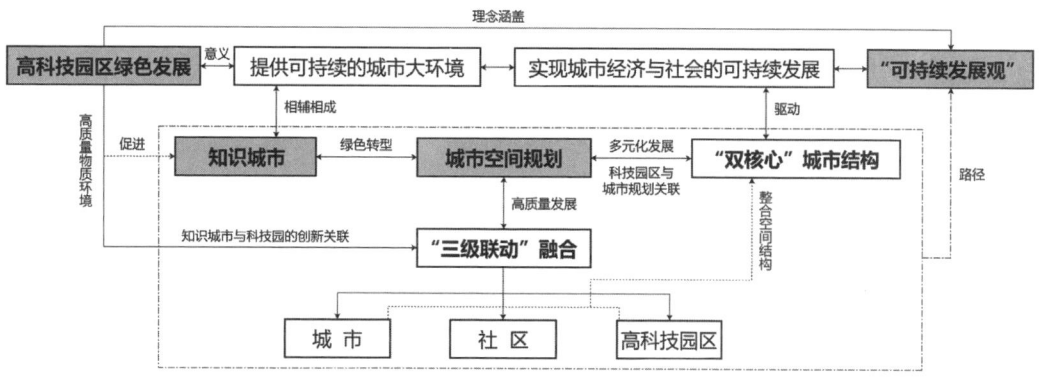

图3-1 "可持续发展观"与高科技园区绿色发展的内在逻辑

径，从而促进城市的整体可持续发展。因此表明知识城市是科技园区绿色发展的物质基础，"可持续发展"是高科技园区绿色发展的最终目的。

一、城市转型绿色发展的新趋向——知识城市

"知识城市"（knowledge city），指通过研发、技术和智慧创造高附加值产品和服务，推动城市发展的绿色转型。这些城市在社会的各个领域都执行鼓励知识培育、技术创新、科学研究和创造力发展的战略，将知识置于城市规划和经济发展的重要地位，将知识管理和智力资本规划相结合，促进知识传播和创新，为创造高附加值的产品和服务提供可持续的城市大环境，从而为城市打造在未来国际竞争中的核心地位。"知识城市"旨在有目的地鼓励市民平等学习与分享知识，通过知识培育、技术创新、科学研究来提升城市的创造力，从而减少物质消耗与污染，实现城市经济与社会的可持续发展。①

（一）"知识城市"的内涵

2002年*SGS Economics and the Eureka project*这份报告首次正式提出了"知识城市"的概念，以及创造知识城市的先决条件和成功因素。2003年瑞典学者雷夫·埃德文森（Leif Edvinsson）将"知识城市"定义为"是一个有目的地鼓励培育知识的城市"。玛格丽特·海因斯（Margaret Haines）教授也认为，知识城市是一个在知识经济和社会发展进程中，战略上执行有目的地鼓励知识培育、技术创新、科学研究和提升创造力使命的城市。弗朗西斯科·卡里罗（Francisco Carrillo）认为，知识城市是那些通过研发技术、智慧创造新产值来推动经济发展的城市。通常认为，强化城市的产业结构调整、注重城市的多样性、城市创新活跃、生态环境优良、公共空间多元、资本市场完善等是知识城市的基本特征。

2004年9月，包括全球知名的知识管理专家、100多座城市的政要和学者在巴塞罗那出席了全球"E100圆桌论坛"（E100 Roundtable Forum），该论坛对世界知识城市发展状况进行了回顾

---

① 张俊. 创新导向下的高科技园区的规划管控研究：以广州科学城与新加坡纬壹科技城为例[D]. 广州：华南理工大学，2019.

和总结。会后发表了《知识城市宣言》（Knowledge City Manifesto），对知识城市的定义、衡量标准、基本框架要素、未来城市发展的趋势等进行了阐述，主要包括11个方面：城市的可达性、尖端技术、创新性、齐全的文化基础设施与服务、高质量的教育体制、世界级的经济机遇等。

（二）"知识城市"的特征

（1）知识资源共享："知识城市"首先应当拥有发达的交通设施、通信设施以及高效的物联网；其次还应当具备多样性、包容性的文化艺术设施；还有良好的生态和生活环境，注重城市的开放以及资源整合，实现全球知识资源共享。

（2）以高新技术和文化创意产业为主导：一方面，成功的知识城市必定是典型的创新型城市。它们通过推动城市高新技术产业的发展，努力营造创新环境和创新空间，形成以高新技术产业为支柱的城市经济结构。另一方面，它们又积极调整和优化城市产业结构，大力发展高附加值的知识密集型服务业，积极推进经济服务化和服务知识化进程，形成以文化创意产业为主导的知识型服务经济发展格局。

（3）创新要素集聚：成功的知识城市还是创新要素集聚的高地，它们不仅通过制定住房、福利、薪金等优惠政策广揽国际高端人才，用于开展创业和创新活动，而且倚仗完善的金融资本市场为高端人才的创业和创新活动提供充裕的资金支持，打造创新型企业、创新型专业人才、创业投资、信息等各种创新要素集聚高地，促进知识城市的崛起与可持续发展。

（4）显著的溢出效应：知识和技术外溢是指一个主体通过某种非市场的途径增加了另一个主体的知识和技术，但无法从这种行动中得到货币形式的补偿。特定区域内的企业易于利用邻近的知识及技术资源更快地进行创新活动。专业组织、社会组织或民间组织开展的正式或非正式的相互交流，以及项目合作、技术贸易等成为其知识溢出的主要途径。

（三）"知识城市"的模式

"知识城市"的模式是指各原型城市在城市转型过程中基于客观现实探索的方法或路径（表3-8）。

表3-8 知识城市模式

模式（代表城市）	特　征	措　施
政府主导（巴塞罗那）	相对落后封闭	制定目标，自上而下地实施；将知识作为城市创新引擎
知识基础+文化资本（伦敦）	强调卓越性、创新性、参与性	加强边缘性城市的开发利用
文化轴心（曼彻斯特）	发展可持续的文化经济	利用已有城市创造知识文化城市
多元教育（匹兹堡）	"重工业城市"转型"知识城市"成功	建成教育强市、教育立市的"地球学习村"
全民享受终身教育（休谟）	市民享受终身教育的乐趣	"休谟地球学习村"的政策促进了知识城市目标的实现
城市新定位（斯德哥尔摩）	实现"欧洲IT之都"	知识城市创新模型的策略
依托知识的资源（慕尼黑）	传统文化+文化创新	重视知识转化，依托行政机构，依靠大学
知识为基础（里斯本）	获取奇特、悠闲、自然与多变的生活	改变城市发展的模式，加强技术资本、政府决策
充盈人力资源，加强知识产业（波士顿）	带动经济发展，充满活力	依靠大学，依靠多元的技术部门、资金的支持
智力资本打造全球城市（东京）	权力分散、经济发达	改善都市结构、培植新产业、培育后人、养护老人

　　政府主导模式以巴塞罗那为代表，其基本特征是相对落后封闭，采取制定目标、自上而下的实施方式，将知识作为城市创新的引擎。知识基础+文化资本模式以伦敦为代表，其强调卓越性、创新性和参与性，加强边缘性城市的开发利用。文化轴心模式以曼彻斯特为代表，其以"发展可持续的文化经济"为基本特征，利用已有城市创造知识文化城市。多元教育模式以匹兹堡为代表，其成功地从重工业城市转型为知识城市，建成了教育强市、教育立市的"地球学习村"。全民享受终身教育模式以休谟为代表，强调以市民享受终身教育为要。城市新定位以斯德哥尔摩为代表，以知识城市创新模型的策略，实现

"欧洲IT之都"。依托知识的资源模式以慕尼黑为代表，重视知识转化，依托行政机构、大学，实现传统文化+文化创新的融合。以知识为基础的模式以里斯本为代表，通过改变城市发展的模式，加强技术资本、政府决策，获取奇特、悠闲、自然与多变的生活模式。充盈人力资源、加强知识产业模式以波士顿为代表，依靠大学，依靠多元的技术部门、资金的支持，带动经济发展，实现充满活力的知识城市。智力资本打造全球城市的模式以东京为代表，通过改善都市结构，培植新产业，培育后人，养护老人，实现权力分散、经济发达的目标。

二、高科技园区与知识城市的关联

（一）高科技园与知识城市的创新关联

在有限的区域内，主要的行为主体通过相互之间的协同作用和集体学习过程，建立了非正式的复杂的社会关系，这种关系提高了本地的创新能力，这就是创新环境。换言之，创新环境是指在创新过程中，影响创新主体进行创新的各种外部因素的总和，主要包括国家对创新的发展战略与规划、国家对创新行为的经费投入力度以及社会对创新行为的态度等。

从创新环境理论的角度看，环境相当于发展的基础及背景，它可以包容创新机构在其所形成的氛围里进行创新活动，同时保持与其他创新机构之间的协调和发展。而创新网络（innovation network）则侧重于表达在创新环境下参与创新活动的各类复杂的社会关系系统，可以认为创新网络是一个区域内的各行为主体（政、企、研、学、金融、协会和个人等）进行互动学习和创新活动，并在此过程中形成的所有正式与非正式的关系总和。

高科技园的建设和发展的过程一定是建立在系统的创新环境基础之上，而且只有注重所在区域内整体的法律、制度以及文化等环境的建设，即创新环境和创新网络的建设，高科技园创新产业才可能会有可持续的发展。

2002年6月由上海紫竹科学园区及其所在的闵行区委、区人民政府提出了一个有中国特色的概念——三区联动。"三区联动"是指大学校区、科技园区与公共社区（特指市辖区）三者结合发展的区域创新网络。"三区联动"包含了"三区融合"和"联动发展"两层涵义。在此基础上，融合产业生态学理念及实现可持续发展的目的，可以整合出逐渐递进的以城市、社区、科技园区的"三级联动"发展模式（图3-2）。

"三级联动"发展模式对于城市创新系统而言，其作用主要体现在：一是可以促进知识在城市创新系统中的有效溢出和扩散；二是构建利于创新集聚的网络平台；三是促进区域创新的动态开放和可持续进化；四是通过与其他子系统结网，提高城市创新系统的自主创新能力；五是促进微观与中观、宏观创新系统之间的对接。

知识城市的最首要特征是"创新"，而高新科技园最基础的功能是充当"科技创新孵化器"，是科技创新的有效载体，因此高新科技园与"知识城市"之间有着必然的紧密联系，只有当高新科技园的功能定位与其所在城市的功能定位紧密结合、相互关联时才可能有所作为。高新科技园以科研为主，只有做到既注重依托创新型企业的优势技术，着眼于技术研究的前沿，又与所在城市的经济发展密切关联，瞄准当地经济发展的技术需求，才有可能真正实现产、学、研的有效对接，进而提高知识创新和技术创新绩效。而"知识城市"的优势又为高新科技园提供了创新的环境、创新网络，"知识城市"的制度创新为创新体系各组织系统的协调、保持创新系统的高效运转提供了保障。

（二）高科技园与知识城市的产业关联

产业集聚（industrial agglomeration）是指同一产业在某个特定地理区域内高度集中，产业资本要素在空间范围内不断汇聚的一个过程。产业集群（industrial cluster）概念由波特（Michael E·Porter）1990年提出，指有关产业内的企业、生产供应商、服务供应商及特定领域的相关机构（如企业、贸易机构、代理机构等）在地理上的集中现象，这些企业在聚集之处不仅相互竞争，还相互合作。不同产业集群的纵深度和复杂性各异，代表介于市场和等级制之间的一种新的空间经济组织形式。

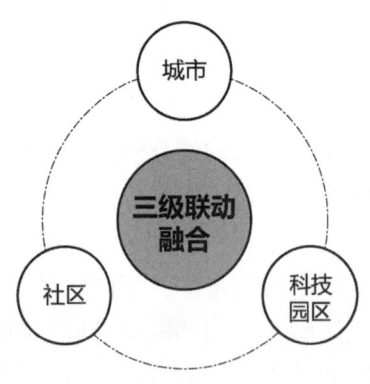

图3-2 "三级联动"递进式发展模式

产业集群并非产业集聚的同义语。产业集聚研究的是产业内部的企业及其服务企业在地理上聚集的现象，探讨的是产业内部活动在地理上的特征和规律，属于形态上的产业集中；产业集群则是强调产业关联，核心是企业之间、企业与其他机构之间的关系和互补性，即产业集群的共生机制。

高科技园区的建设是一种产业集聚，其目标是形成产业集群，对企业的创新影响主要体现在以下几个方面：一是为企业提供了良好的创新环境；二是促进了知识技术的扩散和转移；三是降低了创新成本。相对于通常的经济区域而言，高科技园区内产业集聚区的创新特点鲜明：首先是产业集聚构建了丰厚的知识储备；其次是区域的网络促进了各要素主体之间的交流，社会、技术、交易网络的有机结合，形成了知识共享的可能性；最后是高新技术相关的服务机构和企业衍生机制创造了商业化的机会，经济利益又激发了研发人员的创新热情。

总体而言，高科技园区由于地理关系和其动因机制的一致性被认为是知识城市的一个组成部分。这种一致性表现为：一方面，城市产业结构的升级可以通过高科技园区的建设发展来完成；另一方面，通过产业的升级调整可以有效避免城市的衰退，加速形成城市的更新与转型，促进城市整体的可持续发展。

（三）高科技园与知识城市的区位关联

传统的区位理论采用分析成本效益的方法，揭示产业布局以小（成本投入）博大（经济社会效益）的理念。高科技园对区位条件的要求更高，有研究认为，通常只有大城市的区位条件才能为企业的技术创新提供各种聚集经济条件，所以高科技园区必然先出现在城市化地区。高科技园区的区位对软环境的要求远甚于对硬环境的要求，尤其对于高新技术产业的集约发展模式而言，软环境几乎起到了决定性的作用。高科技园区的区位选择，通常依次考虑智力资源密集程度、开发性的技术条件、信息资源条件、基础设施条件、生产和生活环境等因素。

三、高科技园区与知识城市规划的关联

（一）知识城市规划对高科技园规划的启示

1. 知识城市空间规划趋势

有研究认为，知识城市中的创新空间规划与以往的城市空间相比在以下

几个维度出现了新的趋势：①有形的维度（visible dimension），即物质空间形态的多样化。由于城市化发展，功能趋向多元化，空间复合化，促使物质空间形态向多样化转变；②无边界的维度（borderless dimension），即国家、区域和社区的边界逐渐被经济的一体化所弱化，相互之间的联系加强；资本、人力以及知识的流动与重组，促使载体的空间观念拓展至世界范围。③数码科技的维度（cyber dimension），即以计算机和网络为代表的科技改变了人们的工作方式和生活方式。④高倍复合的维度（dimension of high multiples），由于"知识经济"的开放和综合特性，经济环境变化的速度加快，其内容的复杂程度增加。

根据知识城市特点、城市空间规划特点，结合高科技园区特点，规划领域应关注：

（1）高质量的物质环境。知识经济时代中无形的流动与交流日益增多，但传统产业与社会活动所需的实体空间依然重要，高品质的物质环境是可持续发展的基础。

（2）减小物质空间对经济空间的束缚，如加强区域合作、弱化行政空间。

（3）加强有形和无形的网络建设，提高流通效率，包括能源、交通、网络和无线通信等。

（4）创造新的工作和生活模式，比如分散、小型、灵活、复合以及自我更新的划区建设。

（5）加强社会交流平台的建设，扩大社会交流渠道。

（6）提高规划设计与实施的弹性。

2. 高科技园区与城市的结构关系

高科技园区自身的功能结构主要由三个部分组成：产业、科研机构和生活环境。三者有机关联并在管理系统内呈现多元化和多样性的发展。①

高科技园区作为一种重要的技术产业聚集空间类型，从经济形态、社会形态和实体物质形态等方面都对城市产生了重大影响。另一方面，高科技园区的引领性可以促进其所在城市的特性发展，成功的高科技园与城市之间无论从哪个方面都应该是相互融合、互为补充的关系，高科技园区是所在城市大体系中的一个小系统，而当其具备一定规模之后，从某种程度上又可视作一个全新的、具有区域特色与城市活力的小城

---

① 袁玮. 基于城市可持续发展环境下的大学科技园区研究：以南京地区大学科技园区规划为例[D]. 南京：东南大学，2015.

市。对高科技园区的居民而言,他们同样享有所在城市区域的所有配套,包含旧城中高密度发展区的商店、餐厅和娱乐休闲,传统邻里单元、文化名胜古迹等城市服务设施;而对城市居民来说,高科技园区不仅是一个高新技术的研发和生产区域,也是城市新的公共设施载体,为市民提供了新的工作和生活服务设施,在城市功能上与旧城形成互补之势。在此基础之上,就出现了"双核心"的城市结构(图3-3),因此规划的关键是对高科技园区与城市之间相关的实质性结构进行整合。

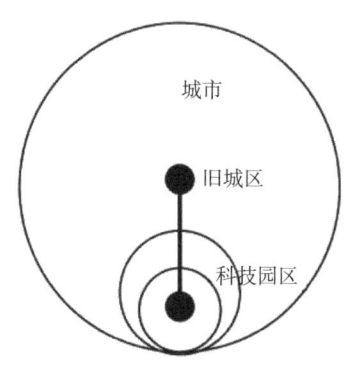

图3-3　"双核心"城市结构

(二)高科技园区发展模式与城市空间规划策略

就高科技园区的规划发展来看,因国家的政治经济体制不同,其发展模式也有差异。一种是由国家或地方政府主导,能推动科技创新、产业发展和提升国际竞争力,并借鉴了市场经济、公众的力量"自上而下"的发展。另一种是以相对独立的个体组织为主,在原有社区基础上自发进行规划建设,产业集群的形成主要依靠市场的力量,由市场导向的民间力量或社区组织发动,并得到政府认可或支持,进行"自下而上"的发展,国家、政府只起到协助促进的作用,英、美等国家是此类规划建设的代表。

现代城市和园区的发展是政府、市场和公众三种力量共同作用的综合产物,科学且务实的策略应该是在规划、设计的过程中将上述两种方式相结合,既充分发挥市场的推动力,又强调公众利益的保障,同时考虑政府的总体策略如何有效应对市场失效所带来的后果。

四、高科技园区与城市可持续发展

(一)可持续发展的指标

可持续发展的范围涵盖了环境、经济和社会等各个层面,并具有系统整合的特性,因此可持续性的指标需具有下列特性:①能够明确可持续发展的政策、目标和行动纲领;②可以诠释环境、经济、科技产业和社会的平衡关系;③具有"压力—状态—响应"

（PSR）①的模型构架，用以评估人类活动与环境之间的互动关系；④指标值的选取应可计量或至少能够被观察到，其数据已经存在或者可以获得；⑤必须明确与建立指标相关的方法论，并且具有成本效益；⑥指标建构需具有政治的接受性，且具有促进和影响决策的功能；⑦指标应具有广泛的社会接纳度，并能成为可持续发展与社会之间强有力的交流与沟通工具。

（二）高科技园区的评价指标

国内外对于高科技园区的评价体系研究主要集中在两个领域：成功因素和区位条件评价。高科技园区的成功因素和区位条件这两方面的评价指标体系具有内在关联，反映了科技园区的本质特征，具体表现为：①揭示了区位支撑能力的重要性。高科技园区是置于整个社会大系统中的一个子系统，它不能脱离所依托的城市区域、城市资源而存在，因此评价体系应以知识资源、基础设施和自然环境等为指标因子。②揭示了制度环境的重要性。尽管成功因素和区位条件两者的评价目的、特性不同，但都包含了政府支持、政策优惠等指标。③风险资本、研究开发等指标体现了高科技园区创新活动的基本特征。

对于高科技园区建设发展而言，成功的标准并不唯一，目标设定不同导致成功的判断标准也存在差异。因此，评价高科技园区必须放在社会统筹整体协调发展的背景下进行，也就是必须在"可持续发展"的原则下评判高科技园与城市发展成功与否。

（三）高科技园区的可持续发展策略

1. 与城市发展协调统筹

高科技园区的发展要与城市发展相协调，主要包括以下三点：

①可持续发展以保护自然为基础，以可持续的方式使用资源，在不破坏环境的基础上追求发展。

②可持续发展鼓励经济增长，增长过程中重视"量"与"质"，节约资源，减少废弃物以及提高效益。

③可持续发展以提升生活品质为目的，在追求社会进步的同时，必须兼顾

---

① PSR结构模型是评估资源利用和持续发展的模式之一。其中压力指标用以表征造成发展不可持续的人类活动和消费模式或经济系统，状态指标用以表征可持续发展过程中的系统状态，反应指标表征人类为促进可持续发展进程所采取的对策。建立一套完整的模型是一个复杂的工程，原因之一在于可选取的指标众多，指标之间既存在关联和重叠，也存在差异，又各具独立性，指标的单位也有诸多差异。

环境与发展、物质与精神的均衡。

2. 可持续发展的建筑技术观

目前,绿色生态科技园成为热词,建筑与生态环境、"可持续发展"具有十分紧密的关联。因此,当代高科技园区创作设计必须走可持续发展道路,建造生态、低碳、绿色的建筑,在改善人居环境和提高功能质量的同时,积极保护环境,为人类实现可持续发展提供新的技术方法。

高科技园区是区域和城市发展中极具价值的一部分,但不能将它作为唯一的发展思路。对城市而言,高科技园区的区位规划发展必须以可持续发展为准则,将其纳入到国家、区域和城市的可持续发展系统中,协同促使各关系统一耦合,按照可持续的方式相互联结,产生相应的效应,最终引领经济、社会的可持续发展。从规划建设的选址布局看,高科技园区既有位于城市外围的开发区型,又有位于原有市区内与都市化区紧密结合的街区型。高科技园区规划、设计和建设发展的空间布局,与城市发展各个系统、各个层面之间的互动关系应在决策制定、落实实施和修正调整时重点关注。高科技园区设计应着重强调生态、绿色、低碳建筑学的观念。

综上所述,可持续发展观与高科技园区绿色发展的关联(图3-4),是从宏观指导、中观把控、微观实施,即从知识城市、城市空间规划、可持续发展策略三个方面来论述的,高科技园区在知识城市环境中孕育了与以往城市空间规划不同的新趋势,并从中找出了高科技园区可持续发展策略。因此,通过梳理宏观、中观、微观"三位一体"体系框架以及逻辑关系,可以构建理论、技术方法与高科技园区的绿色发展模式的耦合关系。

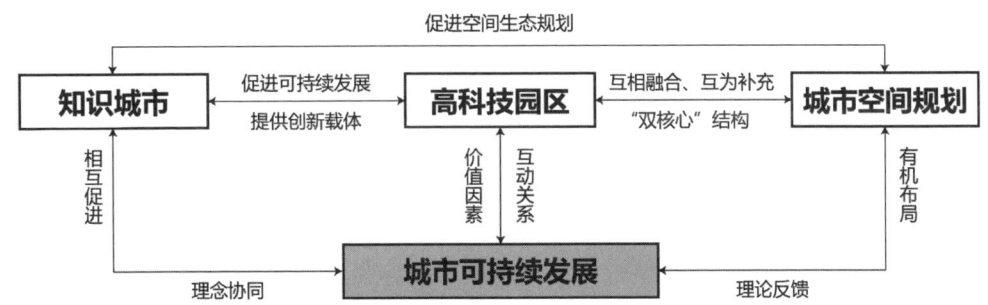

图3-4 可持续发展观与科技园区绿色发展的关联

第三节 可持续发展观下高科技园区的绿色发展模式
DISANJIE　KECHIXU FAZHANGUAN XIA GAOKEJI YUANQU DE LÜSE FAZHAN MOSHI

上节对可持续发展观与高科技园区绿色发展内在关联进行了研究，在"可持续发展观"的理论下探索了高科技园区的发展模式与趋势，下面在此基础上对高科技园区绿色发展模式趋势进行研究。

"21世纪建筑发展模式趋势是什么？""如何贯彻可持续发展战略？"这是对建筑发展模式的探讨，也是对建筑如何科学地实现"可持续发展"战略的研究。

高科技园区的发展模式现已成为引领一线城市升级转型的核心内容。随着城市化、工业化的发展，高科技园区的回归是必然趋势。[①]

因此，思考适应时代的发展趋势，构建"可持续发展观"下的高科技园区正确发展模式是非常有必要的。我们应当坚持"平衡生态、适宜大众、富有文化、运用科学"的建筑发展模式，即让科技园区发展模式"走向生态平衡、走向科学化、走向大众化、走向地域文化"，这四个"发展走向"是建筑在发展道路中应坚持的模式，亦是发展趋势遵循的原则，是研究高科技园区落实"可持续发展观"的中心内容，四者缺一不可（图3-5）。

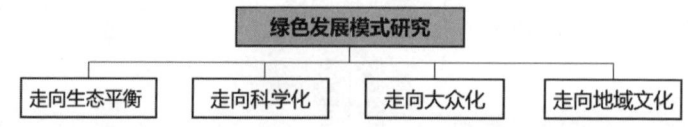

图3-5　可持续的绿色发展模式

[①] 沙辛华. 高新技术产业园区可持续发展研究[D]. 天津：天津大学，2007.

一、走向生态平衡

这里的"生态平衡"指的是建筑与自然的生态平衡,选择走向生态平衡的发展模式,是在我国"地少人多、资源缺乏"的实际情况下,一条适合城市发展需要的道路。

"生态平衡"应体现尊重自然、尊重生态规律和维护我国及全球生态系统动态平衡的客观要求。"生态"指的是生物在自然界的生存状态。生态学一词由希腊文oikos衍生而来,意为"住所"或"生活所在地"。1869年,德国生物学家E·海克尔(Ernst Haeckel)对"生态学"下了定义:生态学是生物有机体与周围环境(生物环境和非生物环境)相互关系的科学。简言之,生态学是研究生物及其环境关系的科学。"生态学"的研究大体经历了经典生态学(18世纪—20世纪40年代)、实验生态学(20世纪50—80年代)和现代生态学(20世纪80年代至今)三个发展阶段。现代的生态学研究已经形成自己独有的理论体系和方法体系,日益发展为一种以"天、地、生物"为支点,以自然科学与人文科学相融合为重要特征的综合性科学体系。它对全球变化、可持续发展、生物多样性、生态系统健康与管理等方面的研究正在成为人类正确认识自然和处理人与自然关系的科学依据。特别是一些应用生态学,如污染生态学、景观生态学和城市生态学等,可以直接成为生态建筑和生态城市建设的科学基础(图3-6)。

在运用"生态"相关内容时,应遵循"生态"含有的必要原则和理念:如"适应"理念、"共生"理念、"协同进化"理念、"生态阈值"理念、"生

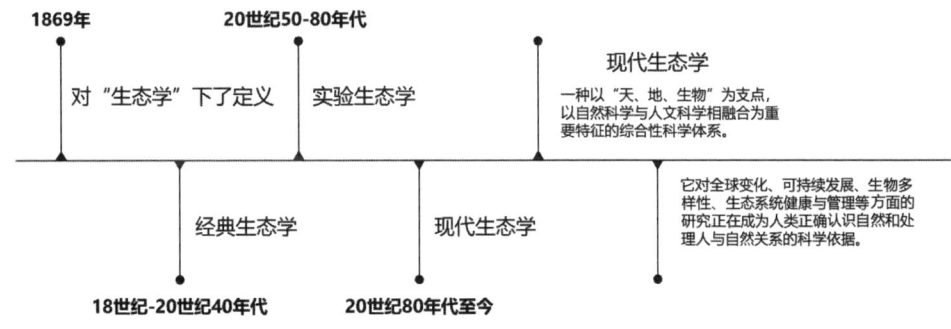

图3-6 生态学发展历程

态系统平衡"理念、"生态系统健康"理念、"生态系统生产力"理念、"生态系统服务功能"理念、"生物多样性"理念、"可持续发展"理念、"社会—经济—自然符合生态系统"理念等。在建筑实践和建构建筑的人文理念中，我们都应以这些理念为重要的理论基础。生态学不仅揭示了生物个体、种群、群落、生态系统等不同层次、不同范围的生态规律，而且提出了不少应用生态学的原理和规律，因此，在建筑创作时，应从实际出发，并注重对应用生态原理和规律的把握。

在生态学原则和原理的研究理论中，1971年美国巴里·康芒纳在《封闭的循环——自然、人、技术》一书中提出了生态的四个法则：①每一件事物与别的事物相关；②每件事物发生都有必然性；③从自然界出发；④没有免费的午餐。1982年，沃克（Walker）在《应用生态学分析》中提出了32条原理[1]；2002年我国戈峰等研究员提出了生态系统结构和谐原理、生态系统的能流功能原理、物质循环原理、群落的掩体和生态系统发展理论、食物链原理、种群增长原理和限制因子定律[2]。

上述有关生态研究的理论从不同的角度反映了自然生态系统和社会生态系统发展的客观规律。对建筑的研究和高科技园区发展模式的把握，具有重要的指导意义。

上述的"和谐共性""协同进化"是我们从生态中得到的重要启示之一，要尊重自然，从自然界出发，寻求建筑的内在意义；在生态平衡的阈值范围内，维护生态动态平衡。这些也是高科技园区基于"可持续的发展"走向生态平衡的必然之路，下面以两个项目为例进行说明。

2022年建成的深圳南山科技创新中心，地处深圳市南山区留仙洞总部基地的核心位置，将被打造成该片区重要的科技中心。其设计以"产业生态雨林"为基本原则，即"平衡生态"，希望建造一个拥有持续吸引力的复合型产业空间。设计以公共交通为导向，从不同层面与未来的大型交通枢纽西丽高铁站建立连接，使项目可以借助西丽高铁的便利，促使南山科技创新中心成为驱动深圳经济发展的新引擎。同时建造了一个提供联合办公场所和实验研发空间的巨

---

[1] WALKER. BH, NORTON. GA. Applied ecology: towards a positive approach. II. applied ecological analysis[J]. Journal of Environmenfal Mangemenf 1982, 14(4):325–342.
[2] 戈峰. 现代生态学[M]. 北京：科技出版社，2002.

大交互平台,为新公司提供成长和交流空间。被适当抬升的平台将街面还给城市,减少对公共空间的侵占,并在其下方形成商业区。设计师通过优化垂直空间,汇聚不同楼层的人群,通过绿色休闲空间创造人性化尺度,并为较低楼层提供更佳的自然光照条件。深圳南山科技创新中心是一个致力于构造复杂多样,具备持续可变能力和长久活力的产业生态系统。

南京高职园中央共享区科创中心(图3-7)是以"智慧·科技·生态"以及"开放共享·绿脉相成"为理念而设计的,旨在创造一个环境舒适、功能先进的创新型科创中心,并将其打造成为该区域的核心地标与创新高地。

在功能布局方面,遵循复合高效的原则,集科研、办公、智慧功能厅(洽谈室)、会议厅、展厅、酒店以及配套服务设施等为一体,各功能之间有机联系并可相互转换运用,便捷高效。在绿色建筑设计层面,采用多种绿色技术,如采用太阳能光伏板、Low-E玻璃、装配式模块化构建等技术,以达到绿色建筑标准,力图打造一个绿色、科技、智慧的科创中心。在绿化方面,主要以广

图 3-7 南京高职园中央共享区科创中心

场绿化、屋顶绿化、室内绿化为对象，实现改善科创中心微气候系统、净化科创中心空气、美化科创中心环境的目的。①广场绿化：广场与绿化景观相结合，舒缓广场生硬的形象，丰富广场空间，改善科创中心微气候系统，营造环境优美舒适、面向大众的活动广场。②屋面绿化：科创中心在各建筑的屋面及各平台设置绿化，为工作人员提供大量室外观景及休憩场所，增加有机的共享空间。屋面绿化还具有调节屋面温度的作用，间接影响到室内微气候，从而使建筑达到节能减排的效果。③室内绿化：室内绿化改善室内环境、丰富室内空间，可辅助调节室内微气候，并有效净化室内空气，提升建筑健康指数。

二、走向科学化

在以"生态平衡"为前提的条件下，需要树立正确的科学理念，遵循科学的方法理论。

科学理念即科学精神，是人们在科学活动中形成，反映科学发展的内在要求，体现科学知识、科学思想、科学方法中的一种观念、意识和态度，是源于对具体的科学活动过程的提炼和升华，在本质上表现为约束科学家及其活动的价值和规范的综合。尽管人们对科学精神的内涵有不同看法，但科学精神的实质就是实事求是的理性精神，不畏艰险、大无畏的探索精神，不盲从任何权威、不相信任何迷信的怀疑精神、批判精神、团队协作精神、民主讨论精神等，归根到底就是"求真""创新"精神。研究者认为科学精神是科学发生的源泉，是科学的灵魂和科学活动的理想原则，是科学知识客观性、科学思想的合理性以及科学方法的有效性的根本保障，是推动科技进步乃至社会发展的"第一动力"。①

走向"科学化"，一是在"可持续发展"建筑创作过程中，坚信建筑科学发展的进步性和完善性，使建筑的创作站位建立在现代建筑科学技术的基石之上。二是坚持实事求是的科学精神。一方面，要客观地评价世界相关建筑发展历史，继承并发扬古今中外的优秀成果，反思现代主义建筑在"人、建筑、自然"关系上的失误和教训；另一方面，基于我国国情，面向我国建筑领域的健康、安全等实际问题，推进问题的

---

① 张祖刚. 建筑科学文化广角论[M]. 北京：中国建筑工业出版社，2014.

有效解决。因此，构建"可持续发展观"下的高科技园区的发展模式具有客观性，并增强了该理念的针对性和实效性。三是坚持创新性。创新是科学的主要特征，是科技进步的根本途径。创新精神是锐意进取、敢于冒险、敢于标新立异、勇于探索、宽容失败的精神。因此，要大力发扬创新技术，这是推动建筑有机发展的根本动力，亦要有民族自信，在融合外国技术理念时，敢于尝试，不予依赖，敢于创新，勇于智慧创造，提出具有中国特色的城市建设。下面以三个项目进行举例说明。

东莞松山湖科学城具备独特的生态优势，按照规划，松山湖科学城将山水生态与科学功能有机融合，成为大湾区综合性国家科学中心先行启动区，并实现双城联动，形成"北湖南山、一核四区"的空间布局。其中，"北湖南山"是指彰显北湖、南山的生态区位特色，保育山湖生态绿核，修复山湖生态联系，建立"双核、多廊"的生态安全格局。依托北湖南山的稀缺景观资源，重视依山环湖布局科技研发功能，营造一流的科研环境与氛围，从而加强了园区的成果转化效益。"一核四区"则以大装置集聚区为核，布局大学院所、新材料产业、新一代信息技术与生命科学产业、莞深科技成果合作区"四区"，实现科教、科研、生活、生态有机融合。"北湖南山、一核四区"的空间布局，为松山湖科学城打造全链条、全要素创新生态系统提供坚实的空间保障。因此，东莞松山湖科学园区是具有强烈的政府和产业目标背景的高科技园区，园区内共享式的技术、商务及生活支撑服务，可大大降低入驻企业的成长成本、缩短成长周期，并快速提升园区内企业竞争优势。这一"科技综合体"完整诠释了高科技园区所具有的定性定量的意义，即找准园区的定位和方向，合理定量园区的布局分配，实现园区的弹性可持续发展。此科学城的建成在实践高科技园区发展理论的同时，构建了高科技园区可持续发展的实施路径。

中关村产业和空间发展都是围绕进一步提升创新能力展开的。中关村在创新发展过程中，空间从一区到多园最终成为区域发展带；建设重点从空间规模、资源与要素投入，到关注创新主体、创新行为本身。新时期中国经济发展方式的转变，京津冀区域发展战略的调整，倒逼中关村借力新技术、新模式，激活创新生产要素，打通要素之间的联系，充分利用存量发展空间，成功地展示出国家科技创新中心的发展构架。

法国圣洛 Agglo 21 科技园区[①]象征着地区的经济复兴，"它诞生于一种理念、一种持续的驱动力和强烈的信念。" 它是发展的中心，是企业的孵化器、协同工作的空间，同时也是一个致力于多样化发展的集会场所。大量的创新和创意公司汇聚于此，并能在这里找到开展业务和项目的各种途径。这里同样是一个提供信息和训练机会的地方，可以使各公司正在进行的实践变得更加完善。考虑到"创新"是设计的一个重要目标，因此必须创造一个能够鼓励未来用户进行创新的工具。技术区域通过结构设计的优越性和前所未有的实施技术为创造活动提供了支持。为了让显著的混凝土结构与墙壁和地面完美地融为一体，项目团队首次采用了一种在技术上极为复杂的施工方法，即置入隔热层并采用双层浇筑法。这种具有创新性的施工过程，让该项目成为法国圣洛第一个拥有置入隔热层的双层浇筑混凝土墙体的项目（图3-8）。

三、走向大众化

建筑走向大众化越来越普及，这是社会发展的需要。第一次现代化是工业时代，经济发展是第一位；第二次现代化是知识时代，生活质量是第一位。知识信息扩大了精神空间，精神和文化生活方式将高度多样化，这个特点就要求城市与建筑的公共活动空间需要不断增加。

中国地域广阔，各地区的发展存在不平衡的现象，有发达地区，也有欠发达地区。发达地区应全力推进第二次现代化，逐渐增加城市与建筑面向大众的公共活动空间。2003年美国AIA主办的《建筑实录》杂志第1期刊登的一篇题为

图 3-8　圣洛 Agglo 21 科技园区

---

① https://www.gooood.cn/fort-agglo-21-technology-park-by-randja-farid-azib-architects.htm.

图 3-9 新加坡新科学中心线描图

《走向公共大众》(Going Public)的文章,提出私有的或团体私有建筑亦应设置面向大众开放的公共活动空间,可供城市居民、观光者、路人使用。

上海宝山工业园区是1995年由上海市人民政府批准建立的高科技、外向型、综合性市级工业园区,园区既是上海市战略性新兴产业的重要基地,也是城市与产业融合发展的功能实践区,是以先进制造业和战略性新兴产业为主导的,集高新产业、科技研发、商务办公、居住配套、生态环保于一体的产城融合科技园区。园区21平方千米范围内无一家污染企业,总绿化面积超过园区总面积的30%,是一个花园式的园区。园区内白鹭公园是鸟类栖息的半湿地,也是企业员工流连嬉戏的"充电站";园区内的闻道园古树林立,十几栋古徽派建筑掩映其中,随处可拾雅趣,满目尽是风流,游人还可在其中赏玩奇石、书画,小湖边的品茗酌酒让人与自然和艺术更加亲和融洽,体现了融入自然、面向大众的原则。

新加坡新科学中心[①](图3-9)具有美丽的裕廊湖花园自然景观,并善于利用周边公共场地和设施扩大其外展活动,最大程度地增加公众与环境互动的机会,对人群有得天独厚的吸引力。

新加坡新科学中心在设计上秉承创新精神、绿色设计、功能复合高效的原则,为新加坡创造出集"科研、教育和休闲"于一体的新天地。在建筑设计上,主要考虑人群的行为感受,弱化建筑体量,与环境共生。功能布局多

---

① https://www.gooood.cn/new-science-centre-singapore-zaha-hadid-architects.htm.

元，增加公众互动性，为公众活动提供更多机会。在景观设计上，尊重自然景观，打造多样化的庭院空间、广场空间等，美化科学中心环境，并与建筑空间有机关联，优化了科学中心的整体布局，实现便捷高效的目的。新科学中心建筑语言和景观相辅相成，共同塑造了城市环境的各个层面，实现"人、建筑、环境"的共生。因此，走向大众化，实质是面向人本需求，实现可持续发展。

建筑走向大众，考虑大多数人的需要，这是21世纪建筑发展的一个方向，是社会进步的表现。建筑走向大众具体表现在两个方面，在精神上，就是根据人民群众的根本需求，回应人民群众在建筑使用上的社会公平和正义的呼声；在形式上，以人民群众喜闻乐见的形式、生动活泼的语言来阐述建筑深邃的人文理念，使建筑具有雅俗共赏、易于传播、便于记忆的特性。

四、走向地域文化

走向地域文化，就是要求基于可持续发展观下的高科技园区既要表达其基本理念，也要突出其"地域文化"特点。横向看，中国是多民族国家，拥有丰富的民族文化以及民族风情，同样地，世界各国都有各自国家的民族特色；纵向看，各个民族的历史文化不同。纵横来看，世界丰富且多元，从历史实物来分析，各国文化底蕴不同，即其根本不同，发展方向也因此不同。因此，我们应重视优秀的城市传统、建筑文化的保护，使重点知名历史建筑具有新的生命力，也不能排斥民间大众的建筑文化，还要使新建建筑的创作具有地域文化特点，具有象征意义。下面以两个项目来举例说明。

英国剑桥科技园位于英国东南部的剑桥郡，风景秀丽、交通便利。英国的东南部是世界上公认的最重要的技术中心之一，有着不可比拟的研发和创新记录。久负盛名的剑桥大学也坐落于此，且是该地区研究场所的核心。这是一块充满生机和活力的区域，形成了在大学、新兴公司和大型跨国公司密切协作的产业网络中开展业务的极具创新特色的经济形态，并不断吸引着来自全世界的投资。剑桥科技园区的经济发展创造了"剑桥现象"，这样一个经济效益日益增加和技术日趋先进的高科技园区已成为整个英格兰东部地区的发展中心。剑桥科技园创造了"剑桥现象"，表明了剑桥科技园是剑桥地域文化的代名词。

湘江智谷AI科技园①位于长沙湘江新区的人工智能科技城杨柳公园内。智谷AI科技园多维度地尊重地域文化，表现在：①尊重地域气候。长沙属于夏热冬冷气候，为适应气候，AI科技园在西南侧设置百叶（格栅）及种植绿植形成遮阳的效果，并在东南侧布置水体景观，利用水体的蒸发吸热降温，在东南季风的作用下，将冷空气吹入建筑，这些被动式的景观与建筑措施一定程度上实现了节能减排的目的，提升了空间的舒适性。②尊重场地精神。AI科技园位于自然景观优美的杨柳公园内，融入公园尺度，形成多层次的空间环境，与公园融合共生。AI科技园以一个适应公园布局的椭圆形半开放的环廊界定出场所，为群落感的建筑赋予更整合的形态，然而其建筑形态根据不同的场所特征，形成不同的"显""隐"关系，呼应公园的场所精神。③尊重地域文化。湘江文化深远浓厚，文化院落丰富，AI科技园主要通过赋予景观不同特质的方式，以水院、光院、竹院、展院等表达其文化意境和属性。因此，湘江智谷AI科技园是走向地域文化、面向世界、蕴含绿色人文理念和高品质的科技园区。

上述四个方面，论述的是可持续发展观下的高科技园区宏观视角的发展模式，只要认真落实"融入自然、平衡生态"的思想理念，心中有着科学的创新精神，坚守为大众服务的责任感，真正理解建筑的"可持续发展观"，重视发展地域文化，那么，建筑师所创作的高科技园区就可以走向可持续发展的良性循环道路。

---

① https://www.gooood.cn/artificial-intelligence-technology-valley-shenzhen-huahui-design.htm.

第四节 可持续发展观下的高科技园区绿色实现路径
DISIJIE
KECHIXU FAZHANGUAN XIA DE GAOKEJI YUANQU LÜSE SHIXIAN LUJING

本节主要是根据高科技园区的发展趋势和问题，特别是针对高科技园区的不可持续发展问题，提出园区绿色实现路径。影响高科技园区可持续发展的因素较多，现主要针对高科技园的属性以及特征，归纳出具有方向性的关键措施。

一、整合协同

（一）整合高科技园区创新特征

高科技园区经过数十年的发展，已经呈现出以下趋势：从功能性质上看，高科技园的企业主要业务已经由技术含量较低的加工制造向高技术研发演变，研发创新活动成为核心；从园区的形态结构看，科技园区从单一小规模生产型基地向大型产业综合体转变，其主要特征是集生产、生活、休闲娱乐于一体。

高科技园区创新活动的基本特征有：①创新的过程具有不确定性；②创新的过程是知识密集型的；③创新过程是有争议的，创新活动通常伴有可选择方案之间的必选和竞争问题；④创新过程是跨界的。

高科技园区内企业的基本活动包括研发、生产、销售和服务，在此基础之上可将高科技园区的产业行为分为三种类型：针对技术的研究开发行为（research & development）、针对产品生产的生产制造行为（manufacture）、针对销售与服务的传播行为（propagation）。这三种产业行为相辅相成，协同发展。其中，研究开发行为被高科技园不断强调，并且已经成为了园区内重要的产业行为。高科技园的信息交换量巨大，知识经济时代的知识信息获取、加工及生产贯穿于研发企业产业活动的全过程，大量信息和数据交流在产业活动中发生。在研究开发过程中，项目内容、人员的变

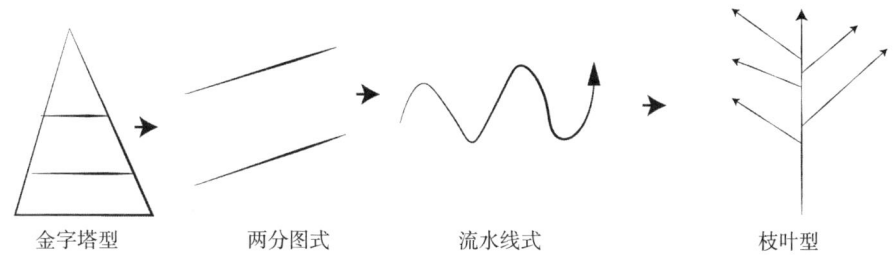

图 3-10　高科技园区建筑空间设计分析

动十分常见，因此高科技园区建筑空间必须兼具灵活性和适应性，可以设计为金字塔型、两分图式、流水线式、枝叶型[①]（图3-10）。高科技园区及其建筑的结构组织特征有网络化和扁平化、整体化和复合化两种，需要在分析高科技园区的创新活动特征的基础上，针对性地创作高科技园的规划布局以及建筑空间。

（二）协同高科技园区规划布局和建筑空间创新

1. 高科技园区的规划布局

高科技园区的规划布局，从与城市的位置关系看主要有城市型、城市近郊型和城市远郊型三类，从空间形态看分为高密度城区型、低密度花园型和综合科学城型等。具体从以下几方面来考虑高科技园区的规划布局。

首先，明确园区用地组成。高科技园区的用地大致可归纳为研发用地、孵化用地、产业用地、教育用地、服务管理用地、绿化生态用地、居住用地以及生活服务用地等。清晰的功能分区有利于用地的控制和管理，但随着知识经济的发展，生产功能弱化，用地分区之间的功能可以适当复合使用。

其次，理解园区布局整合的原则。园区布局整合的原则主要包括整体性原则、以人为本原则、生态优先原则、秩序与网络原则、分期建设原则。在此基础上构建园区功能布局，即形成"产、学、研"结构。

最后，在系统的高科技园的布局规划原则上，分析高科技园规划布局的影响因素。主要影响因素有：①高科技园

[①] 李红宾，汪贝贝. 国内外科技园区创新生态系统的建设与启示[J]. 青海科技，2021(5):17-21.

的交通组织。交通道路系统作为高科技园区规划的骨架，既是园内各区之间和园区内外的交通联系，也是划分各个功能区的边界，需要合理布局车行交通、人行交通。车行交通组织需遵循原有城市肌理，调整、完善机动车交通网络，形成主次分明的交通体系；需合理组织功能性的交通体系；静态交通规划要符合相关的停车设计指标。步行交通要体现便捷性、安全性，注重慢行系统（游憩、生活、通勤等）的设计。②高科技园的景观环境。景观设计应遵循"人本主义、生态化、系统化"的基本原则，满足使用者的审美文化需求，保证园区生态健康，并具有识别性强的空间。

2. 建筑设计类型和原则

目前高科技园区的建筑类型呈现大型化、综合化的趋势，从设计原则上看，大型化、综合化建筑应秉承集约高效的目的，以实现生态、绿色的科技园区。

首先，分析高科技园建筑类型。高科技园办公建筑的类型很多，从产业特征、形态布局、产权属有以及建筑规模等角度都可对其进行分类，主要可分为孵化器建筑、综合类建筑、企业总部型建筑三种主要类型。

其次，整合建筑的设计原则。建筑设计要以"生态优先、以人为本、弹性发展"为主要原则。

最后，构建建筑空间。①核心功能空间要具有开放性特征，即使其具有开放透明、平等沟通、灵活弹性等特点；②公共功能空间要具有共享化特征，即使其具有混合布置、空间共享、视觉联通等特点；③交往功能空间要分为正式与非正式场地；④空间组合要重视知识流线。

上文通过分析高科技园的规划布局和建筑空间的类型及原则，从宏观角度梳理了高科技园区发展策略，下文将从微观方面探索可持续发展策略以及绿色解决方法，构建绿色的高科技园区，真正实现可持续发展。

二、绿色技术措施

绿色技术措施具体包括：提高场地空间效能、体块形状控制合理、合理利用地下空间。

（一）提高场地空间效能

要提高场地空间效能，首先场地规划布局要合理。主要从区位选择方法、场地公共资源和社会资源的协调性、场地自然通风与采光适应性三个方面来阐述合理布局的方法。

（1）区位选择方法

建筑的区位选择是结合多方因素，综合考虑的结果。区位选择的影响因素主要有自然因素、经济因素、人文因素三种。

根据研究，其理想模型为：

$$G_i = k_1 Q_{i1} + k_2 Q_{i2} + k_3 Q_{i3}$$

式中，G_i 为 i 区位的选择强度；k_1、k_2、k_3 分别为自然因素、经济因素、人文因素的权重系数；Q_{i1} 为 i 区域的生态自然环境的数量；Q_{i2} 为 i 区域的厂商数量；Q_{i3} 为 i 区域的教育、文化机构数量以及人口数量。

针对区位选择理论以及相关计算模型，优化高科技园区的选址，可提高场地的效能。

（2）场地的公共资源和社会资源的协调性

公共资源是指自然生成或自然存在的资源，是人类社会经济发展共有的基础条件。场地公共资源的协调可以依托场地水网和坡地控制，增加雨水收集的布局优势；顺应太阳辐射的方位，错落布置以增加太阳能利用的面积。社会资源的协调主要是通过合理规划场地，实现场地与周边公共服务设施的充分利用，减少因利用率低而产生的额外能耗。除此之外，公共资源与社会资源之间也应协调规划。场地公共资源和社会资源的协调性见表3-9。

表3-9　场地的公共资源和社会资源的协调性

协调类型	具体措施	图例说明
公共资源的协调	增加建筑场地雨水收集	蓄水体 / 雨水径流 → 蓄水体 / 雨水径流
公共资源的协调	合理布局增加屋顶太阳能资源利用	屋顶太阳能 / 太阳辐射方位 → 太阳辐射方位
社会资源的协调	依托周边公共服务设施分担功能业态	周边分担相似功能业态

（续上表）

协调类型	具体措施	图例说明
社会资源的协调	合理开放场地停车，实现利用率最大化	内部停车场封闭 ⇒ 内部停车场开放
公共资源与社会资源之间的协调	通过降低建筑密度和垂直机械停车，增加场地绿化率	降低建筑密度 ⇒ 集约化停车
	合理分配周边广场的硬地铺设与绿化覆盖率	⇒ 合理分配场地硬地铺设扩大绿植覆盖面积

（3）场地自然通风与采光适应性

在场地规划和总平面设计阶段，通风适应性应注意充分利用场地地形、周边既有建筑、构筑物和植被绿化的导风作用，优化建筑场地自然通风条件；建筑沿夏季主导风向布置，南侧需留出较开阔的室外空间；空间布局上避免外表面大面积朝向冬季主导风向，通过建筑自遮挡阻挡冬季风的渗透。

高科技园区建筑的通风优化，应基于"被动优先，主动优化"的节能减排原则，强调优先充分利用自然通风，优化人工机械通风的效率，从而节约通风措施的能耗。

通过对高科技园区建筑空间形式和自然通风策略的研究，可以总结出空间形式与通风策略之间的对应关系（图3-11），为不同高科技园区的建筑空间形式采取自然通风策略提供思路。

在总平面布局中也应考虑建筑自遮阳，高大空间由于空间高度高、跨度大，自身往往带来较大的阴影面，可以遮挡强烈的太阳辐射；同时可以通过错落布置空间、在空间中穿插采光中庭，增加自然采光。关于场地规划和总平面设计阶段对自然通风与采光的适应性措施见表3-10。

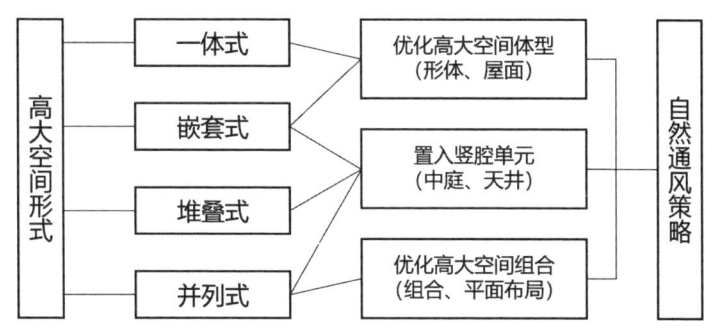

图 3-11 空间形式与通风策略之间的对应关系

表3-10 场地规划和总平面设计对自然通风与采光的适应性措施

适应类型	适应措施	图例说明
自然通风适应性	充分利用场地地形、周边既有建筑、构筑物和植被绿化的导风作用，优化建筑场地自然通风条件	
	建筑沿夏季主导风向布置，南侧需留出较开阔的室外空间	
	空间布局上避免大面积外表面朝向冬季主导风向，通过建筑自遮挡阻挡冬季风的渗透	

（续上表）

适应类型	适应措施	图例说明
自然采光适应性	选择有利的朝向布置，将建筑主要空间尽量朝南布置	
	合理利用高大空间自遮阳，降低室内强烈的太阳辐射	
	合理错落布置空间，在高大空间之间布置中庭增加自然采光	

（二）体块形状控制合理

高科技园区建筑相对高大，建筑体形对能耗的影响突出，合理选择建筑体形对实现高大空间的节能具有重要意义。从建筑节能角度出发，单位面积对应的外表面积越小，外围护结构的热损失越小，这一特性可用体形系数来描述。体形系数（shape factor）指建筑物与室外大气接触的外表面积与其所包围的体积的比值。[①]其计算公式如下：

$$S = F_0 / V_0$$

式中 S——建筑的体形系数；

F_0——建筑物与室外的大气接触的表面积，m^2；

V_0——外表面积所包围的体积，m^3；

除了合理选择建筑体形，还需对覆土空间进行设计优化。覆土空间指由大面积土壤覆盖的建筑空间，是特定气

---

① 中华人民共和国住房和城乡建设部. 严寒和寒冷地区居住建筑节能设计标准：JGJ26—2018[S]. 北京：中国建筑工业出版社，2018.

候、特定地理条件的产物。土壤具有良好的热工性能,覆土可以使建筑受外界温度波动的影响降低,采暖、制冷费用可以大大节省,因此采用覆土空间可有效应对能源危机。覆土空间相较于一般地上空间,占用地上土地资源少,有一定节地优势,且易与周边环境融合适应。在高大空间公共建筑中采用覆土空间,可从节能和节地角度实现绿色的目标,同时丰富公共活动场所。覆土空间可以实现建筑主体体量的低体形系数。如中国普天信息产业上海工业园智能生态科研楼,下部是一个由绿色草坡覆盖的不规则体量,通过一定厚度的覆土和保温层基本隔绝了室内外的热交换,由于采用覆土空间设计,项目外表面积计算只剩下形体集约的上部体量以及下部未被草坡覆盖的局部外墙,最终体形系数计算仅为0.298,远低于上海当地公共建筑节能设计标准的规定值。[①]

(三)合理利用地下空间

建筑利用热质在时间上延缓能量传递的特点,为人类在多变的自然条件下提供稳定宜居的庇护场所。热质通常指蓄热能力较强的物质,如土壤和水体等。地下深处的恒温性取决于土地的蓄热性和隔热性,因此,建筑的地下利用部分不仅不易受地震和近邻火灾的影响,且还具有隔音作用。

地下的利用主要表现在优化自然通风以及地下蓄热,具体形式包括利用下层土壤、水体和设置地下用房,见表3-11。

表3-11 地下的利用

利用土壤	通向室内的风管埋于地下,通过土壤的热交换作用,实现夏季室外热空气进入室内前被动预冷,冬季室外冷空气被动预热	
	地下空间由于土壤覆盖而具有恒温特性,其室内空气温度与高大空间空气温度存在温度差,有利于室内热压通风循环	

---

① 张彤. 中国普天信息产业上海工业园智能生态科研楼的被动式节能建筑设计[J]. 动感(生态城市与绿色建筑), 2010, (1): 82-93.

（续上表）

利用水体	通向室内的风管埋于水体内，通过水体的热交换作用，实现夏季室外热空气进入室内前被动预冷，冬季室外冷空气被动预热	
	高大空间周围场地设置开阔水面，通过水面蒸发吸热和高效蓄热调节昼夜室内外温差	
地下用房	在高大空间下部设置钢筋混凝土等结构的单元辅助用房，增加下部空间热质蓄热性能，在夏季实现空气冷却	
	在高大空间侧向设置钢筋混凝土等结构的单元辅助用房，增加侧向空间热质蓄热性能，降低因日晒等情况下气温升高而增加的能耗	

地下蓄热：利用地下良好的蓄热性、隔热性来蓄集热量或冷源，这些热量和冷源可用于供暖和制冷，这种方法叫作太阳能蓄热供暖系统（图3-12）。该系统的屋顶和地下设有集散热板，用处是使水循环起来，地下集散热板埋设在地下3～4m深处。夏季白天屋顶的集散热板A收集热量，地下的集散热板C将其吸纳并贮存起来备用；同时，较浅部分蓄存的冷量通过集散热板B吸纳贮存。冬季白天屋顶收集的热量直接为室内供暖，夜间将夏季蓄存在C的热量散发给室内，与此同时，也意味着把冷能量贮存起来。由于土壤没有水的对流现象，所以一个蓄热层可以同时分为蓄热、蓄冷两部分。该系统在不同季节，对地下空间进行高效利用，达到保温隔热的效果。

地下通风：利用地层深处土壤全年温度恒定的特点，通过深埋的地埋管道将空气与土壤进行热交换，并由机械送风或诱导式通风将室外新风送入室内，从而改善室内环境状况。

地下用房利用：高科技园区的建筑通常占地面积大，建筑场地除建筑本体

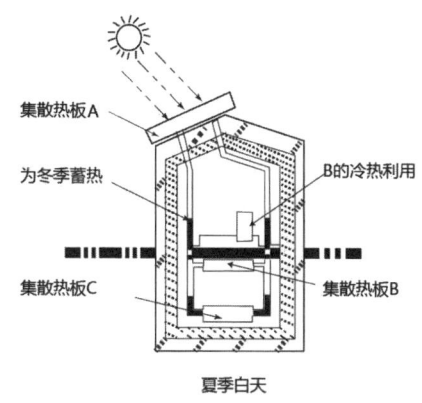
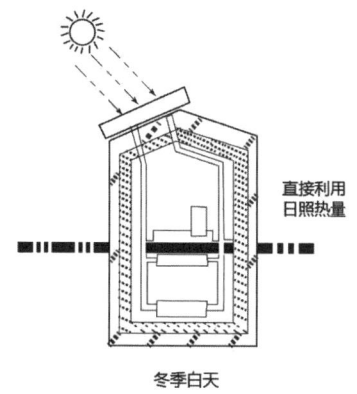
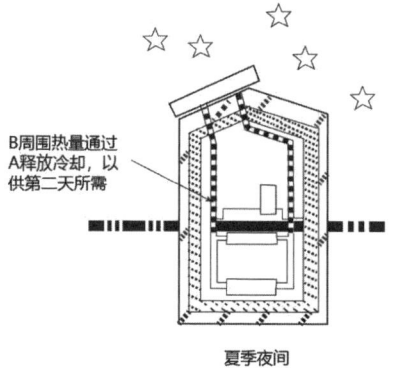
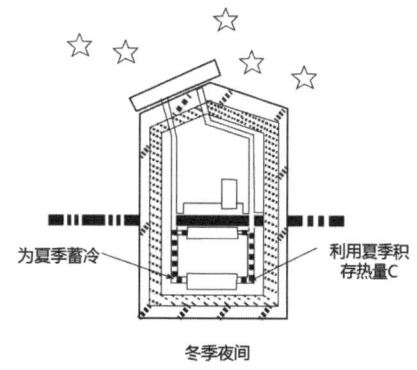

图 3-12 太阳能蓄热供暖系统

外，还包括场地中大面积的土壤、水体及地下空间等，这些空间组成都是大面积的热质，或被大面积的热质所覆盖，形成了很好的蓄热体。利用场地中丰富的蓄热体，可以实现室外空气在夏季被动式制冷，在冬季被动式预热。

三、高科技园区可持续发展系统

PSR（Pressure-State-Response）结构模型是评估资源利用和持续发展的模型之一，也用于评估人类活动与环境之间的互动关系，其中的压力指标用以表征造成发展不可持续的人类活动和消费模式或经济系统，状态指标用以表征可持续发展过程中的系统状态，反应指标用以表征人类为促进可持续发展进程所采取的对策。建立一套完整的模型是一个复杂的工程，原因之一在于可选取的指标众多，指标之间既存在关联和重叠，也存在差异，又各具独立性，指标的单位也有诸多差异。

高科技园区可持续发展与人口、社会、经济、资源环境的绿色发展有密切关系，因此，适合用PSR模型系统分析、剖析、验证高科技园区绿色发展方案可行性。

从可持续发展的角度，高科技园区是一个由经济、社会、科技创新、环境、资源五个子系统组成的复杂系统，五个子系统之间相互影响、相互作用、紧密联系（图3-13）。分析出其中的因果关系，就能看出投入（社会资源、自然资源等）和产出（经济、耗费能源、废弃物等）的关系，从而评价绿色方案的可行性，评估其是否具有可持续发展

的特性。

可持续发展（PSR）模型如图3-14所示，模型中的变量有：科学园区总员工数、园区员工增减数、企业总数、企业增加数、企业减少数、总人口数、土地面积、人口增加数、人口密度、人口减少数、总流动人口数、工业用水量、工业用水系数、水供需差额、需水量、供水量、可利用水量、水利用率、循环用水量、工业用地增长率、工业用地增加量、工业用地面积、废气排放量、废水排放量、废渣排放量、废气存量、废水存量、废渣存量、万元废气排放量、万元废水排放率量、万元废渣排放量、废气处理量、废水处理量、废渣处理量、环保投资、环保投资系数等[①]。通过分析系统中的变量，以及各因素之间的关系，并分析可控因素，可计算出高科技园区的绿色性能，评估其可持续发展指数。

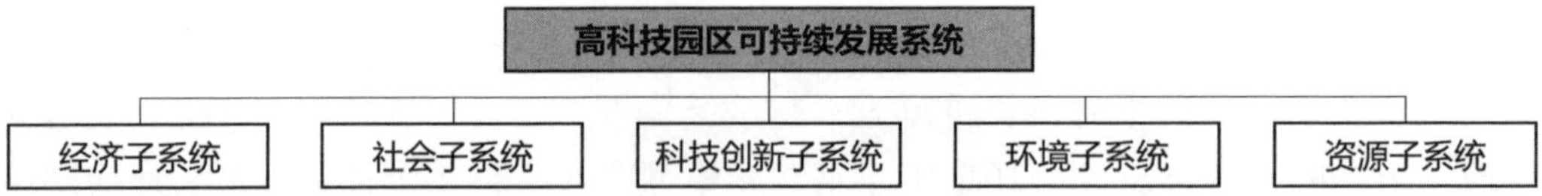

```
            高科技园区可持续发展系统
    ┌─────────┬─────────┬─────────┬─────────┐
 经济子系统  社会子系统  科技创新子系统  环境子系统  资源子系统
```

图3-13 高科技园区可持续发展系统

---

① 沙新华. 高新技术产业园区可持续发展研究[D]. 天津大学. 2013.

第三章 "可持续发展观"下的高科技园区绿色发展路径 | 117

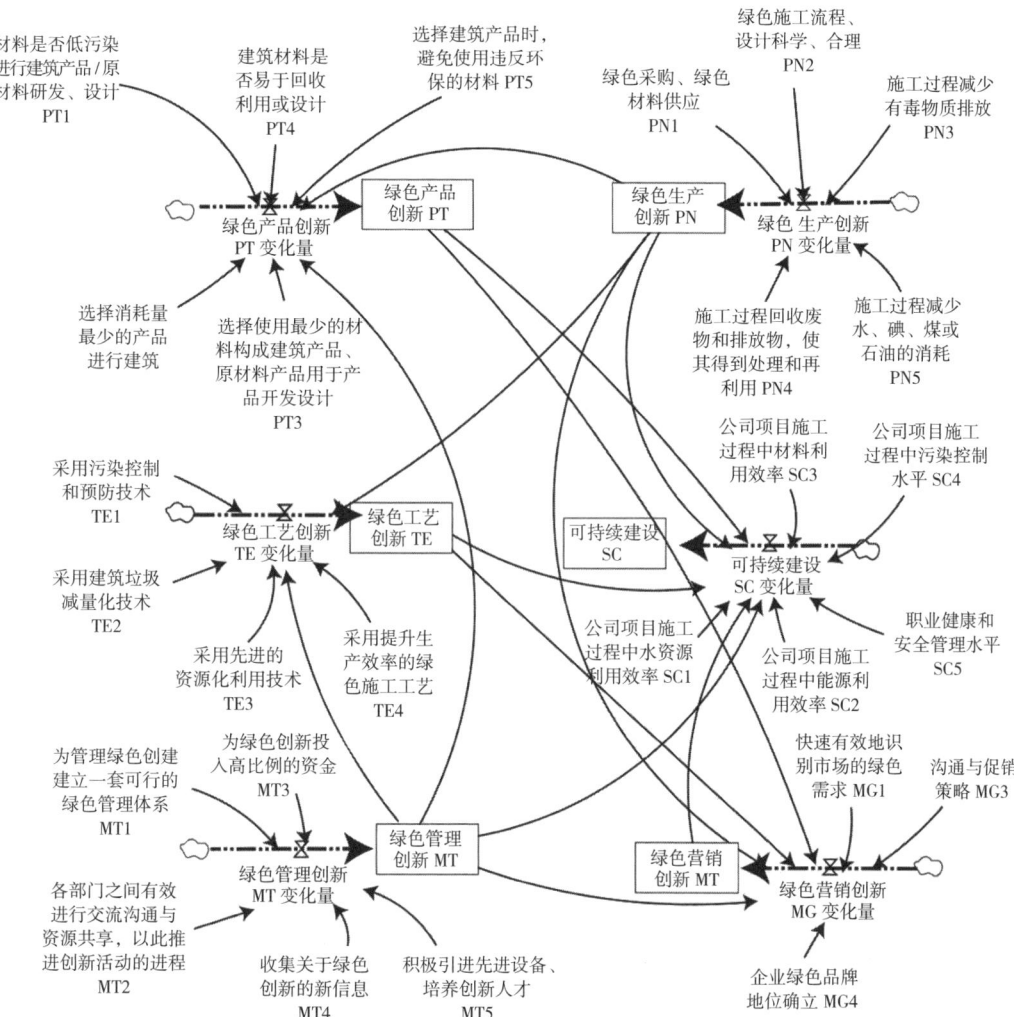

图 3-14 可持续发展（PSR）模型

第五节 基于可持续发展观的高科技园区绿色发展实践

一、21世纪高科技园区绿色发展路径及其应用

> 事物依照它本身的规律而发展变化并互相发生作用
> ——艾思奇《大众哲学》

根据前文的研究，可归纳出高科技园区所具有的一般特征，同时基于"可持续发展"理念，可以探索出高科技园区的绿色发展路径，如图3-15所示。

21世纪是多元、复合的世纪，随着科学技术的进步和各种设计思潮的发展，高科技园区在社会、经济、文化等多因素作用下，其功能和形式也趋于复杂和多元。21世纪高科技园区绿色发展路径的实现离不开以下三方面：

首先，政策基础。高科技园区关系着城市乃至国家的未来发展。2021年堪称中国科学城建设爆发的元年。2021

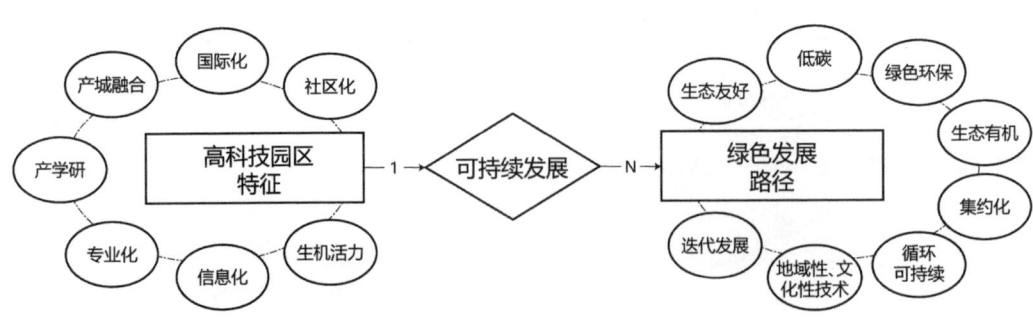

图3-15 高科技园区的绿色发展路径

年2月《国家技术创新中心建设运行管理办法（暂行）》颁布，意味着实现科学到技术的转化，促进重大基础研究成果产业化的国家技术创新中心被列入地方发展的重要议程。而随着科技部对湖北科技强省建设的支持，以及在以北京、上海、成都为代表的先行城市的示范带动作用下，深圳、广州、重庆、西安、福州等主要城市纷纷出台建设科学城的规划。因此，从中可以看出，政策是科技园区建设的基础保障。在政策的支持下，科技园区的建设促进了城市经济发展，提高了城市质量。

其次，园区建设。高科技园区的建设，从国家层面讲，是国家科学技术突破瓶颈问题、实现创新及创造利益的重要途径；从地方层面讲，是各地以科学技术为抓手，促进产业创新，进而实现经济转型升级的重要手段。高科技园区作为科学技术与产业的高度聚集地，是一个具有"社区"形态的"科学技术园区"。园区即社区，关键特征在于人与功能的多样化交叉所形成的聚集形态。对于高科技园区来说，需要做好"社区"，才有可能吸引并留住足够多的科学技术创意阶层。创意阶层泛指包括科学家、工程师、艺术家和设计师等在内的群体。而创意阶层的聚集，才能促使"科学"产生美第奇效应。①

最后，打造创新空间，即实现"人与科技的共生"。通过科技整合多个学科领域的知识、技能和工具，形成一个全面、综合的问题解决框架，并形成一个涉及官、产、学、研、用等多方权益主体共同参与的网络，以推动科研成果转化为创新产品。交融创新的"科技"，再加上吸引人、容纳人的"社区"，对于高科技园区的成功来说是必要条件。

下面主要通过列举实际项目，并结合对实际项目的解读，展现高科技园区绿色发展路径的实践之道，见表3-12。

---

① 美第奇效应：指以不同学科的交叉和不同领域的交流作为基础的、面向未知的创新，会实现思想更加充分和广泛的融合，从而形成多学科、跨领域的交叉思维。

表3-12 高科技园区绿色发展路径在实际项目中的应用

名称	主要理念	形态布局
中国电信创新孵化（南方）基地（广州）	是中国领先的移动互联网特色创业园，以生态友好为绿色发展路径构建了创意创业社区，成为广州通信技术创新的重要载体和一个具有地域特色、承担生态责任的华南地区信息产业技术领域的集聚区	
东莞生态行政岛办公楼	以绿色技术以及绿色人文理念为绿色发展路径。是集岭南建筑文化内涵和绿色环保技术应用于一身的生态建筑，同时结合了自然条件，强调岭南生态建筑特色，是节能、环保、绿色、生态的新型建筑典范，也是园区发展循环经济的重要举措。荣获国家级绿色建筑创新设计一等奖	
常德教育文化科技园规划	园区主要以协同发展、资源共享为绿色发展路径。体现文化、教育、科技、服务、商住五大主体功能，建设成"和谐园区、生态园区、创新园区"	
武汉经济开发区中心区17C1号	园区主要以功能复合为绿色发展路径。涵盖会议展示、休闲配套、商业居住等功能，建设成了充满生机活力的城市公共中心；空间上整体复合化，保持固有生态特色，加强亲人设计，弱化超大尺度，减少建设的压迫感和空旷感，兼顾了分期建设	
东莞松山湖大学创新城	创新城主要以地域适应为主要绿色发展路径。建设集科技、产业、文化教育、人文景观为一体的新型科技园区。在可持续发展的指导下，从岭南地域条件入手，运用当代的建筑材料和手法表现，凸显科研建筑的空间需求与特点	

（续上表）

名称	主要理念	形态布局
中国石油化工股份有限公司科学技术研究中心（北京）	研究中心以绿色低碳技术为绿色发展路径。体现建设世界一流的绿色低碳能源化工科学研究院的理念	
东南大学国家科技园	以"功能复合、生态高效"为主要绿色发展路径。是按照"集约化、专业化、信息化、社区化和国际化"标准打造的创新创业平台，营造具有"特殊的制度创新、特别的政策支撑、特定的区域载体、特有的功能体系"的创业生态环境	
佛山禅城科技产业园（佛山国家高新区创新中心）	是以"协同发展"为主要绿色发展路径，打造成科技（机器人）基地，加快数字化、智慧化发展，深化区域协同创新发展	
广州科学城总部经济区建设项目	以"资源共享、智慧高效、传承创新"为绿色发展路径，以"产城融合"为核心理念，存量更新、新旧融合，以数字化、智慧化实现科技园区的迭代发展	总平面图

（续上表）

名称	主要理念	形态布局
海西动漫创意之都1号天晴楼	以"产学研"一体化为绿色发展路径，是国内大型文化创意产业集群，集动漫创意研发、动漫教育、创意商业服务、创意旅游、创意衍生等功能于一体，实现"产学研"的园区	
光电创新园一期（武汉）	主要以整合布局为绿色发展路径。以"智慧之芯，汇聚光电；联袂精英，创新光谷"为构思框架，通过"汇聚""汇合""汇萃"的抽象手法，把研发、中试、公共服务等空间整合成一个有机整体，为光电创新工作者提供一个智慧碰撞、思想迸发的众创乐园	

注：以上资料均来自华南理工大学建筑设计研究院有限公司。

表3-12中的项目是在时代发展所需的前提下，基于"可持续发展"理念，遵循"时代性"属性，实践了高科技园区的绿色发展路径：①中国电信创新孵化（南方）基地主要以生态友好型为园区主要绿色发展路径，融入地域性，打造具有地域特色的创意创业社区；②东莞生态行政岛办公楼主要是以绿色技术融合绿色人文理念为绿色发展路径。项目在结合地域自然环境的同时，使用绿色技术构建岭南生态建筑特色，实现绿色、生态集于一身。③常德教育文化科技园主要以综合高效、资源共享为主要绿色发展路径。园区体现了文化、教育、科技、服务、商住五大功能的集合，建成了"和谐园区、生态园区、创新园区"。④武汉经济开发区中心区实现了园区功能复合化，涵盖会议展示、休闲配套、商业居住等功能，建设成充满生机活力的园区；⑤东莞松山湖大学创新城融合"可持续发展理念"，以地域适应为主要绿色发展路径，打造成集科技、产业、文化教育、人文景观于一体的新型科技园区。⑥中国石油化工股份有限公司科学技术研究中心主要以绿色低碳技术为园区主要绿色发展路径，建设成世界一流的绿色低碳能源化工科学研究院园区。⑦东南大学国家科技园主要以功能复合、生态高效为主要绿色发展路径，实现集约化、专业化、信息

化、社区化、国际化的创新创业平台以及生态化的创业环境。⑧佛山禅城科技产业园（佛山国家高新区创新中心）主要以协同发展为主要绿色发展路径，打造成数字化、智慧化的科技基地。⑨广州科学城总部经济区建设项目融入"产城融合"理念，以资源共享、智慧高效为绿色路径，实现科技园区的迭代发展。⑩海西动漫创意之都1号天晴楼以"产学研"一体化为绿色发展路径，实现综合高效目的，打造高端的文化产业基地。除此之外，位于武汉的光电创新园一期项目，主要以有机布局为绿色发展路径，以"智慧之芯，汇聚光电；联袂精英，创新光谷"为构思框架，通过"汇聚""汇合""汇萃"的抽象手法，把研发、中试、公共服务等空间整合成一个有机整体，为光电创新工作者提供一个智慧碰撞、思想迸发的众创乐园。由于项目分期建设，整个园区的整体规划设计显得尤其重要，建筑效果以及两期之间的连接效果都是设计的重点。以轴线线性设计串联整个园区，简洁的线性交通空间和变幻的建筑形态相互平衡，使建筑与环境有机融合，进一步迎合时代所需，彰显绿色节能环保的共同意识。

二、湾区高科技园区的发展实践

湾区一般拥有深厚的海洋文化，创新且包容；产业链聚集且高效，城市圈丰富且汇集；环境承载力强，水、空气、土壤优质[①]。除此之外，湾区具有经济发达、创新资源积聚、生活环境优质、交通基础设施完善、区域发展格局功能明确等特点，具备良好的城市创新空间。

我们将纽约湾区、旧金山湾区、东京湾区、粤港澳大湾区称为世界四大湾区，其特点如下：

①纽约湾区——金融湾区，金融业具有世界性的影响力。

②旧金山湾区——高科技湾区，以环境优美、科技发达著称。拥有世界知名的硅谷以及以斯坦福大学、加州大学伯克利分校为代表的20多所著名科技研究型大学。

③东京湾区——产业湾区，聚集了日本1/3的人口，2/3的经济总量，3/4的工业产值，是日本最大的产业区。

④粤港澳大湾区——活力城市群湾区、城市协同产业湾区。

[①] 王小明. 粤港澳大湾区融合前景下的水利思考[J]. 华北水利水电大学学报，2018，4(39):11-15.

（一）纽约湾区

纽约湾区的产业结构是一个集群系统，如图3-16所示。

第一个集群是以金融业为引领的高端生产性服务业，为制造业技术的产业升级和生产效率提高提供专业服务保障。第二个集群是以高端人才为支撑的创意产业，包括广告业、娱乐业、传媒业、文化产业等。除了这两个引领性产业集群之外，还有为大规模高端人口聚集提供各种各样服务的产业集群，包括旅游、餐饮、商贸、居住等。这样一个富有活力的经济结构，加上朝气蓬勃的多元化人口结构，形成整个纽约湾区活力四射、影响力巨大的大都市经济体系。

这样的产业空间布局系统是经历改造演变后形成的。首先，促使日益衰落的能源密集型产业与劳动密集型产业及时淘汰或使其向远郊迁移；其次，能够大力发展生产性服务业。与此同时，可以利用人才集聚为高新技术发展提供动能。纽约湾区拥有16所世界大学第三方指数（TUI）排名前100的学校，集聚了诸如哥伦比亚大学、康奈尔大学、耶鲁大学、普林斯顿大学及纽约大学等众多著名高校，为纽约湾区提供了高素质的

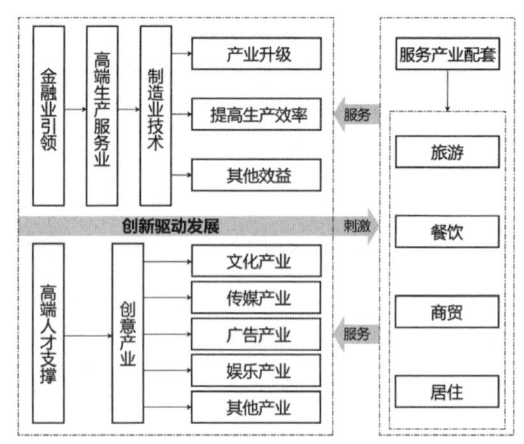

图3-16 纽约湾区产业结构

人才资源储备和高新科技研究基础。而且，纽约是一个移民城市，跨国精英成为城市发展的关键阶层，发挥了高素质国际化人力资源的作用，为其带来了庞大的资本和先进的技术，大大加快了纽约城市化进程。

（二）旧金山湾区[①]

旧金山湾区以环境优美、科技发达著称，拥有世界知名的硅谷。硅谷位于西海岸加利福尼亚州中部的旧金山湾附近，在加州1%的土地上汇聚了加州1/10的人口，聚集了约2万家高科技公司，硅谷是创新型区域的成功典范。从统计

---

① 刘欣博. 美国旧金山湾区高新技术产业创新体系研究[D]. 长春：吉林大学，2020.

数据看，加州将近一半的企业并购发生在硅谷，其专利注册量占了整个州的一半，硅谷还吸引了加州3/4的风投和4/5的天使投资，是美国乃至全球知识、技术与资金的集散地。

硅谷是一个区域，由围绕旧金山湾的4个郡、30个社区构成。硅谷主要呈现"细胞式生长"式发展模式，即产业发展带动人口集聚，空间上，用地不断拓展和蔓延使硅谷由各个分散布置的独立小镇发展为成片的城市群。硅谷每个城市均具有相对完整的结构与功能，由核心向外布局商业服务业区、科研办公区、居住区以及产业区等功能片区。如同"细胞"生长，"细胞"之间以丰富的交通网络串联起来，加以生态廊道，可以实现城市的弹性化发展，使科技园区有机成长。

以核心区为例，斯坦福的创办强化了大学街作为帕罗奥图老城区的核心地位，并带来了新的商业活力，学校的教职员工也多数在当地安家。随着斯坦福科研园的设立，帕罗奥图的城市中心南拓，与南面的山景城连成一片。

硅谷功能布局主要呈现出"圈层式布局"（图3-17）。即硅谷以旧金山湾为核心，功能呈圈层式展开。围绕旧金山湾的滨水地区为休闲游憩带，在

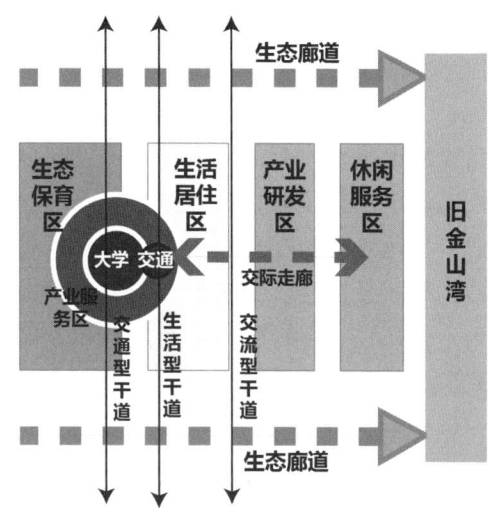

图3-17　旧金山湾区创新空间系统

此可以体验冲浪、帆船等各类水上运动以及高尔夫，是高端的商务休闲场所。紧靠休闲游憩带组团式分布着一片片科研产业区和企业总部，它们布局松散，规模不一，相互之间留有部分白地。产业研发区外层是居住社区，为本地居民和外来就业人口提供各类型居住空间。最外层的山地区为硅谷打造了良好的生态环境，区内有数个国家公园，是人们进行户外运动的理想场所。学校位于城市居住圈层和生态保育圈层之间，既可享受城市优质的生活服务，又可浸润在优美的自然风光之中，还可以进行户外科考。硅谷的各大生产服务商刻意将办公地点选在斯坦福大学周围，从而建立

起一个紧密合作的服务网络。这些机构包括律师事务所、风投公司、会计事务所、企业孵化器、猎头公司等。将各圈层紧密串联在一起的是一条公共交际走廊，这里汇集了各色咖啡馆、餐厅、酒吧，是各社会阶层频繁出入的地方，也是人们社会交往、商务洽谈、头脑风暴的主要场所。3条主要交通走廊也与海湾平行布局，将各城市组团串联，形成一体。生活型干道位于中央，穿过各城市中心，与交际走廊相交并设有公交站点，沿线布局商业服务业区以及科研办公区，周边配套居住区，外围设置产业用地，空间结构合理有序。

（三）东京湾区[①]

东京湾区是日本最大的产业区，其中最具代表性的就是日本筑波科学城。日本筑波科学城是亚洲乃至全球科学城建设的典范，其半个多世纪以来的建设历程不仅兼容并蓄了世界主流理念，也探索着自身的独特发展道路，为世人留下宝贵的参考经验。筑波科学城之所以是世界范围内科学城的典范，主要在于它是世界上第一个真正意义上为科学而新建的完整城市，走出了一条属于自己的发展道路，并为后人提供了宝贵的探索路径。

筑波科学城从1963年开始建设，经过60年的发展，如今已成为一个以筑波大学为依托，汇集了日本全国30%科研机构、40%科研人员、50%政府科研投入，以及拥有140个国家的高端人才的大型综合性科技园区。可以说，筑波科学城是日本效仿美国硅谷，由政府主导建设，从国家层面部署的创新科技园区，也是日本最大的高等教育与科研基地。

筑波科学城建设发展年表如图3-18所示，主要分为几个建设阶段：准备阶段（1964—1971年）——奠定长久发展基础；启动阶段（1968—1980年）——住宅为先，核心科研机构跟进；全面建设阶段（1974—2005年）——民生、交通等基础设施全面强化；文化营造阶段（1985年至今）——打响知名度，丰富文化生活；产业提升阶段（2001年至今）——促进科创，注重新兴技术。截至2022年2月，筑波科学城人口已达24.8万，成为日本最大、全球闻名的高水平科学中心。筑波科学城拥有约2万研发人员，约8000名博士，以及包括宇宙航空研究开发机构（JAXA）、理化学研究

[①] [日] 藤原京子, 邓奕. 日本：筑波科学城[J]. 北京规划建设, 2006(1):74-75.

第三章 "可持续发展观"下的高科技园区绿色发展路径　127

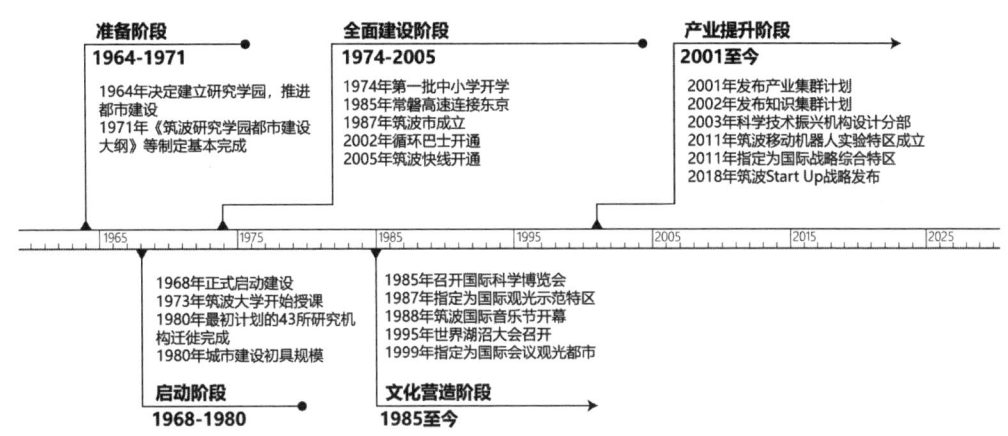

图3-18　筑波科学城建设发展年表

所、国土地理院等29家国家级科研机构和150多家民间研究机构，还以聚集了大量高等级大科学装置而闻名全球。[①]

筑波科学城虽然取得了巨大的建设成就，但其发展而也经历了明显的挫折，曾经存在的最主要问题是技术与人未实现共生。现有的成就归功于解决了这个主要问题，让科技与人实现了共生。主要采取的措施有：优化科学制度、提升科学协作、布局前沿产业；构建都市圈，加强区域交流；强化城市中心，提升人气度，丰富生活配套，改善宜居度等（图3-19）。筑波科学城作为世界著名的由国家主导的大型科学城项目，其建立过程的经验与教训对我国诸科学城有现实的借鉴意义。其最大的启示在于，科学城实现了科技与人的共生、与自然的共生，因此建立了有活力生态的园区，这是科技园区成功的两大根本原则。

（四）粤港澳大湾区

粤港澳大湾区由香港、澳门及珠三角9市组成，以香港、澳门、广州、深圳四大中心城市作为区域发展的核心引擎，目标是建成充满活力的世界级城市群、国际科技创新中心、"一带一路"建设重要支撑、内地与港澳深度合作示

[①] 魏素敏. 日本筑波管理模式对我国科技园区的启示与借鉴[J]. 科技瞭望, 2019(9):17-21.

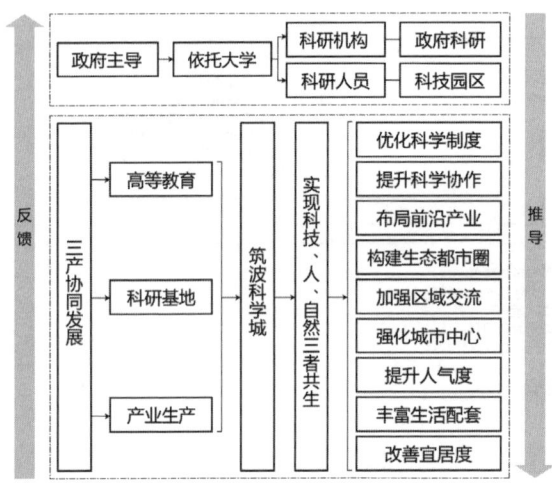

图 3-19　筑波科学城发展模式

范区、宜居宜业宜游优质生活圈，成为高质量发展的典范。由此看来，粤港澳大湾区具有良好的创新机制，是我国科技创新集聚中心。其中，深圳高新区作为粤港澳大湾区科技产业发展前驱，贯彻"三个一批"发展战略，为粤港澳大湾区创造了创新高地。除此之外，深圳高新区作为我国第一个指定的高科技园区试点，是国家重点支持的五大科技园区之一，也是国家知识产权试点园区以及国家高新技术产业标准化示范区，是我国具有代表性的高新科技园区。

深圳高新区以"一区多园"的布局，形成连贯的高新产业带，实现了创新空间的联合发展（图3-20）。

深圳高新区以"内生式"驱动模式，即高新区注重推动企业从小到大、从弱到强的内生式发展，不仅培养了中国通信行业，广播电视行业中的中兴、华为、创维、TCL等企业，同时也集聚了一批具有行业领先水平的中小型企业。比如，腾讯已成为引领中国即时通讯发展的领军企业；迈瑞在国际市场上的销售量每年成倍增长，是医用诊断设备的创新领导者之一；大族激光是亚洲最大的激光公司，在激光打标设备方面占据世界80%以上市场份额；朗科已成为全球移动存储的领导厂商之一。深圳高新区的管理模式建立在深圳"小政府、大社会"的背景下，管理层决策链条

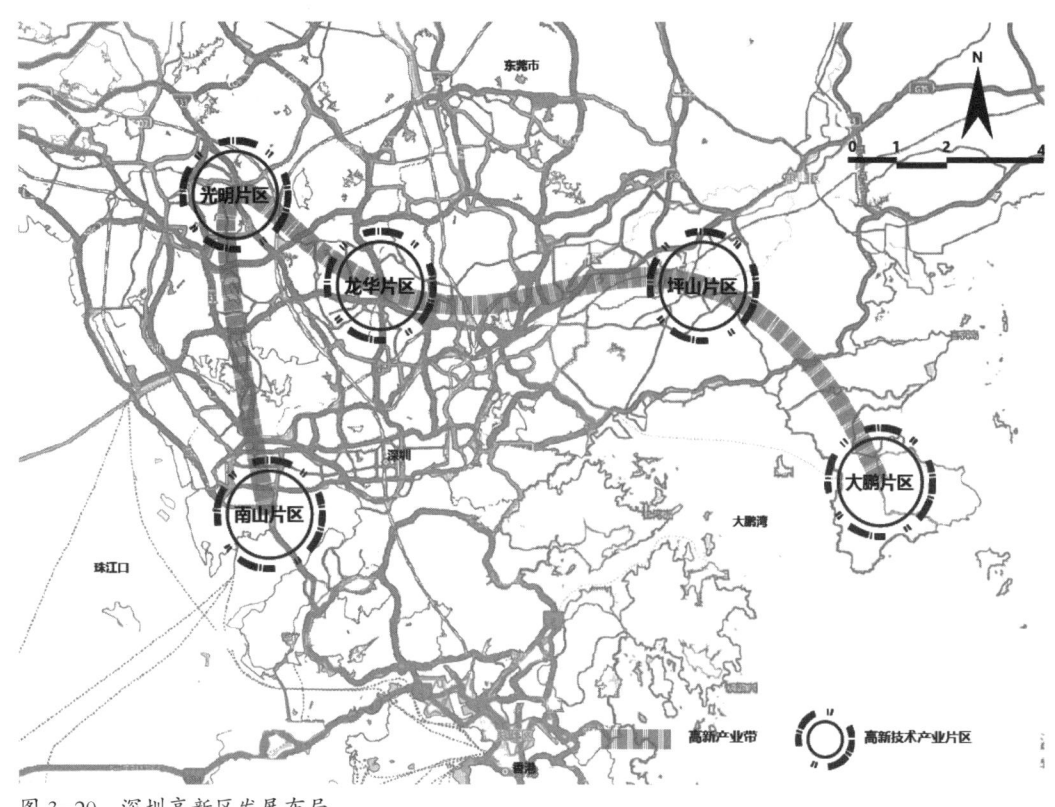

图 3-20 深圳高新区发展布局

短,管理团队具有比较强的实践操作能力,对市场反应灵敏,能够快速、准确地把握企业需求变化,并及时反映到政府决策层。同时,决策层能高效、快速地做出决策,从而大大提高了园区公共管理的效率和水平。

深圳高新区为应对园区创新资源不足的问题,积极开展科技资源的引入和区域共享与合作,成功打造了虚拟大学园、国际商务平台、专业孵化器等创新平台,初步改善了创新环境,使园区创新活动比较踊跃。深圳高新区的企业入驻门槛较高,并且建立了动态土地配置机制,开创了国内高新区土地收回的先例。通过实施"厂房再造、产业置换"工程,改造旧厂房,建设专业孵化器、加速器等,引导土地资源低成本动态配置和集约利用。

深圳高新区与世界一流高科技园区还有一定距离，表现在高技术企业总量有限，年轻企业数量偏少，区域创新资源总体上仍然匮乏和相对单一，技术衍生企业的源头不足、机制不健全，园区内专业化服务体系、创业板投资体系、共性技术服务平台等创新资源有待进一步完善。深圳高新区需要提高对高技术服务业发展的重视程度，加强对新兴业态、新的商业模式的发掘；还需要以高新区为核心，向深圳市高技术产业带辐射、拓展，在产业带上建立专业园和产业集聚区，这是向世界一流园区靠近的重要推动手段。目前，深圳高新区内部的产业集聚形态较弱，通信、软件、数字电视等主导产业形成了一定的空间聚集，但尚未形成产业集群形态，从而导致向产业带的推进速度缓慢，高新区与产业带间的产业分工、协作不够明晰，合作机制尚未形成。而且在发展过程中，深圳高新区软环境建设资金比较匮乏，对高新技术产业成长规律、价值规律和组织规律的研究投入不够，对企业各阶段和产业各环节的针对性政策工具比较缺乏，政府在园区不同发展阶段的工作重点有待进一步明晰和细化。

深圳高新区是科技部"建设世界一流科技园区"发展战略的首批试点园区之一，其发展规律如图3-21所示。在新时期，深圳高新区的发展使命包括三个方面的内容：①加强区域经济合作，推进深港创新圈的构建与繁荣；②实施自主创新战略，加快国家创新型城市的建设；③积极参与全球分工，实现高技术产业向高端化、服务化升级。

深圳高新区致力于建设具有世界影

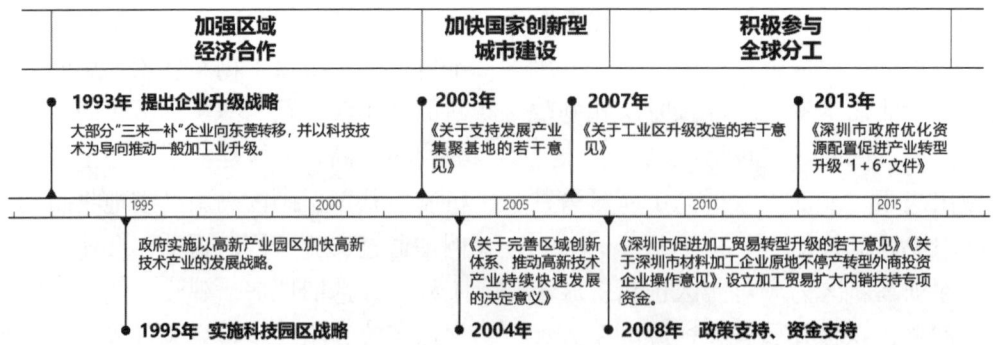

图 3-21　深圳高新区发展规律

响力的一流高科技园区，成为推动"深圳速度"向"深圳创新"转变的领航区，成为超越"三来一补"、发展"三创一高"产业的核心区，成为展示自主创新、与香港协同发展的技术极，成为汇聚全球华人创业、实现成功梦想的栖息地。因此，深圳高新区发展模式应综合考虑制造业向服务业转型、制造业向高端发展、新兴业态和商业模式不断涌现、高新区的空间拓展等内容，以成为保持高端辐射、促进区域融合的示范区（图3-22）。

现以深圳高新区龙岗区天安云谷案例分析为例，介绍其宏观上的政策运用、中观上的功能定位以及微观上的空间布局和设计，以期给高科技园区绿色发展一定的参考价值和启示（表3-13）。

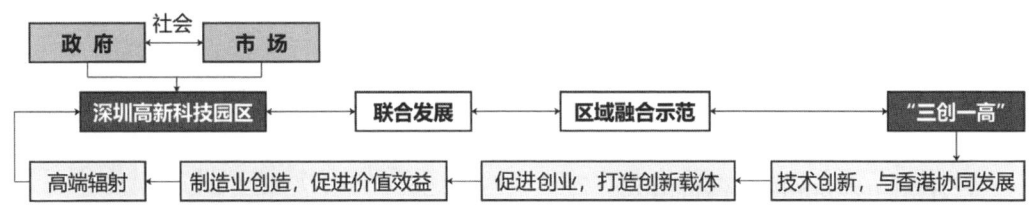

图3-22 深圳高新区发展模式

表3-13 深圳高新区龙岗区天安云谷案例分析

分析要素	主要内容
功能定位	产业结构：综合产业定位，实现了配套创新、产品创新
	功能复合：集产业研发、商业、住宅、学校、酒店、配套等于一体的产城融合智慧园区
项目与区域价值联动	产城协调发展：依托区域已形成的产业链基础，着力打造产品，实现区域产业升级
	注重土地集约利用和功能高效复合：打造延续东西的步道绿轴，南北方向的亲水叠瀑
空间布局空间共享	功能多样化（办公、商业、休闲、商住等功能）、多功能有机组合，以裙楼实现空间的串联及实现空间共享；整体以动态、连续、嵌套和多平台的圈层原理重筑新型产业园区

（续上表）

分析要素	主要内容
智慧化	SMAC创新中心展厅：智慧展厅，专门为企业打造完全开放、共享的创新平台，提高办公效率 室外空间：室外发布会及LED多媒体展厅，增加人员交流机会
案例成功因素及启示	因素： ①依托周边产业特色，进行产业定位及升级发展； ②打造更具有附加值的办公产品，吸引企业入驻；形成完善的产业配套及生活配套，进一步满足企业客户需求　　启示： ①产业定位应抓住宏观机遇以及自身展示窗口的优势，进行差异化定位； ②针对目标客群需求，打造高性价比产品，吸引客户入驻； ③打造完善的产业公共服务平台以及生活配套，满足企业客户需求； ④注重创新成果效应以及智慧化打造，打造和谐生态的科技园区

三、高科技园区绿色发展实践的思考

通过以上案例的分析，可以发现高科技园区发展实践中的经验及存在的问题，从而可以梳理出有关高科技园区绿色发展的具体策略和方法。

从前文表3-12中我国高科技园区的项目分析中可以看出，各园区基本遵循了"可持续发展"理念，具有生态友好、低碳健康、绿色环保、活力有机、集约循环、功能复合化等特点，呈现出生态社区、和谐园区、产城融合、产学研园区等有机形式。但这些园区主要以服务"产业发展"为要，总体忽视"以人为本"设计。

从湾区高科技产业集群的发展实践来看，纽约湾区注重产业创新集聚效应、优胜劣汰、迭代优化园区结构；注重产城协同发展，善于利用人才集聚为高新技术发展提供动能。但其为优化产业结构，一切都可视为生产"工具"。旧金山湾区的硅谷发展模式呈现"细胞式生长"，使硅谷呈现有机生长模式；功能布局主要呈现出"圈层式布局"，使硅谷休闲、居住空间与产业研发成为有机整体，形成良好的生态环境，成为生态有机的高科技社区。但其主要以产业发展带动人口集聚，总体上忽视"人本"设计。东京湾区的筑波让"科学"和"城"都活起来，实现了产城融合：

优化科学制度，加强科学协作，布局前沿产业，让"科学"活起来；构建都市圈，加强区域交流，强化城市中心，提升人气度，丰富生活配套，改善宜居度，让"城"活起来。但这种只要"科学"的乌托邦，科技产业化不足（制度僵化，市场化不足；科技产业发展缓慢、不够聚集；缺乏科学应用环境），而且是有"城"无生活的"睡城"（生活单调乏味，人口增长乏力；城市布局分散，缺乏强中心；启动缓慢，错过城市扩张黄金期）。粤港澳大湾区的深圳高新区建立了动态土地配置机制，改善创新环境，高效运用"内生式"发展模式，顺势利用政策高地效应，注重自身的本质特征，展示了自有价值。但其创新资源不够完善，资源与生态约束较大。

因此，要实现"可持续发展观"下的高科技园区绿色发展路径，我们认为要从以下三个方面出发。

（1）发展模式

①依托周边产业特色，进行产业定位及升级发展；

②针对目标客群需求，打造高性价比产品，吸引企业入驻；形成完善的产业配套及生活配套，进一步满足企业客户需求；

③实现"产城融合""产学研居"的有机高科技园社区。

（2）功能布局定位

①产业定位层面应抓住宏观机遇以及自身展示窗口的优势，进行差异化定位；

②实现多功能整体联动，实现多元融合发展；

③功能布局实现可持续发展和有机生长模式。

（3）绿色发展导向

注重生态环境打造，坚持"可持续发展"理念，遵循生态友好、低碳健康、绿色环保、活力有机、集约循环、功能复合化等原则。

总体而言，"生产效益"是衡量高科技园区是否具有创新价值的标准，"社区""生态环境"是高科技园区满意度的评价因素。

以上对有关高科技园区绿色发展实践的思考，对我国粤港澳大湾区及其高科技园区的绿色发展具有现实意义。粤港澳大湾区的定位是建成充满活力的世界级城市群、国际科技创新中心、"一带一路"建设重要支撑、内地与港澳深度合作示范区，宜居宜业宜游优质生活圈，成为高质量发展的典范。通过前文对世界湾区的普遍及个性特征的分析，可以探索出粤港澳大湾区与高科技园区的关系，从而构建粤港澳大湾区高科技园区绿色发展的研究框架，如图3-23所示。本书的核心案例——横琴高科技园的绿色发展路径研究将在此框架下进行。

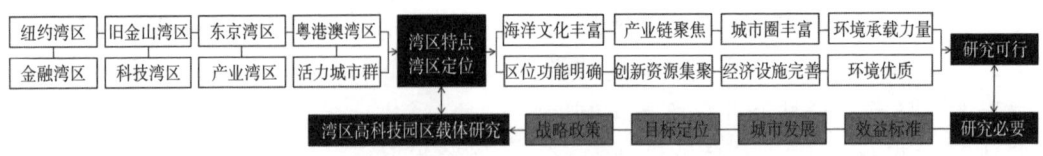

图3-23 粤港澳大湾区与高科技园区绿色发展相关性研究

第四章
根植"可持续发展观"的横琴科技园区理论实践研究

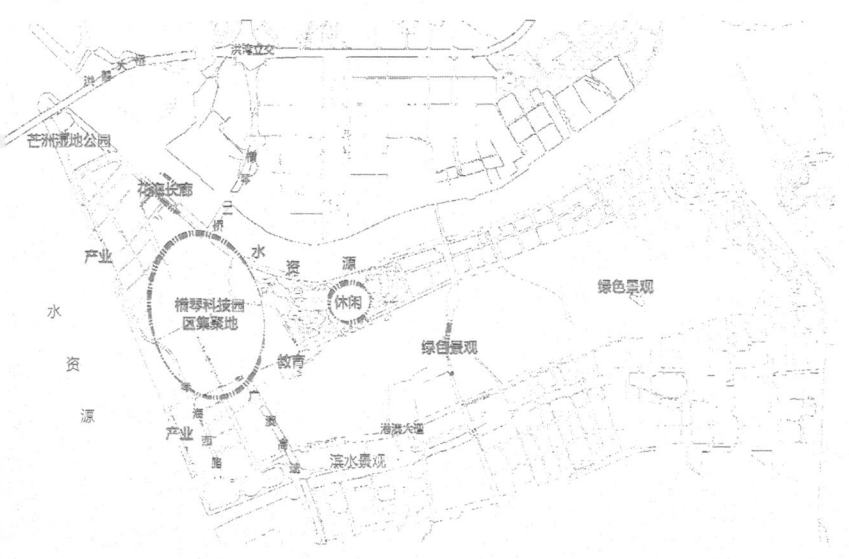

对于"生产"的关注,源自马克思主义传统,正是在生产环节,马克思发现资本主义增值的秘密,之后,"生产"获得更丰富的内涵;文化领域是知识生产,精神领域是欲望生产,政治领域是权力生产,社会变成一个巨大的生产机器——而所谓"消费社会"不过是它的一个反讽刺注释。"生产"成为诊断当代社会的代名词。生产这个词对于今日中国人而言似乎别具意味:我们曾经深陷"生产"之笼,如今,我们期待这个迷失在历史深处的词语重新获得活力。当然,词语自有命运,我们能做的也只是邀请。

最后,需要指出的是"生产"的内在涵义,就是生成、流变、活力,它符合当代知识分子的气质:永不停息的思考和批判。正是在这个意义上,"生产"是批判和思想的基本特征。

——**汪民安《建筑、空间与哲学》**

第一节　横琴科技园区绿色发展的融合理念
DIYIJIE　HENGQIN KEJI YUANQU LÜSE FAZHAN DE RONGHE LINIAN

一、总体规划

（一）发展定位与发展方向

珠海素有"百岛之市"之称，设有拱北、九洲港、珠海港、万山、横琴、斗门、湾仔、珠澳跨境工业区8个国家一类口岸，是珠三角中海洋面积最大、岛屿最多、海岸线最长的城市，东与香港隔海相望，南与澳门相连，西邻江门市新会区、台山市，北与中山市相接。

珠海最新的总体规划是2021年颁布的《珠海市国土空间总体规划（2020—2035年）》（图4-1），本次总体规划是在国家规划体制改革后，珠海市第一部覆盖全域、全要素、"多规合一"、海陆统筹的国土空间总体规划，是面向2035年乃至2050年可持续发展、统筹全市国土空间资源配置的空间蓝图。总体

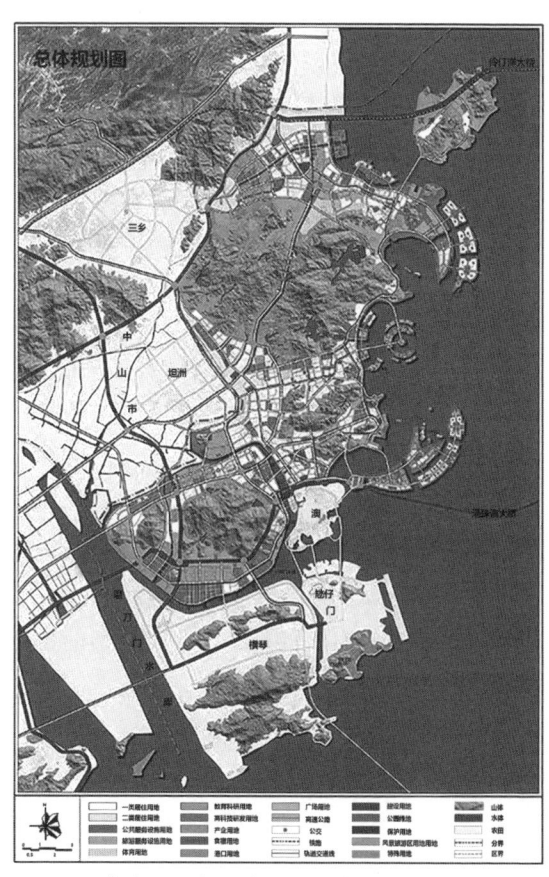

图 4-1　珠海国土空间总体规划（2020—2035年）

规划围绕"两条主线，一个协同"开展工作：一是探索珠江口西岸核心城市建设路径，二是着力擦亮生态品牌，三是强化区域协同发展。

《珠海市国土空间总体规划（2020—2035年）》从规划、土地、生态、经济、交通、海洋等不同领域角度，讲好珠海故事，发掘珠海价值。此规划重点在于：一是真正做到珠澳融合，二是用好海洋资源，三是大力体现生态文明，四是做好旅游行业发展，五是坚持紧凑布局和组团式发展。要全力服务澳门经济适度多元发展，建设粤港澳大湾区澳珠极点；要继续坚定落实生态文明理念，坚守生态安全底线，建设生态文明城市典范；要提升人居环境品质和公共服务水平，打造宜居城市典范；要强化与香港、珠江东西岸都市圈城市的协作，深化区域合作；要建设区域海洋中心城市，强化陆海统筹；要坚持"生态优先、高质量发展、高品质生活、高水平治理"，统筹保护与发展；要遵循"以城聚人、以人聚产、以产兴城"的发展逻辑，让年轻人、高端人才会聚珠海；为珠海建设新时代中国特色社会主义现代化国际化经济特区提供高质量的空间保障。

珠海总体规划为横琴发展规划提供了基础和更多可能。2009年，国务院正式批准实施《横琴总体发展规划》，将横琴岛纳入珠海经济特区范围，本次发展规划主要以合作、创新和服务为主题，意在将横琴建设成连通港澳、区域共建的"开放岛"，经济繁荣、宜居宜业的"活力岛"，知识密集、信息发达的"智能岛"，资源节约、环境友好的"生态岛"。依据该发展目标，横琴构建科学合理、与产业体系相配套、与资源环境相协调的布局体系，形成各具特色、紧凑发展、密切关联的"三片（科教研发片、商务服务片、休闲旅游片）、十区（教学区、综合服务区、文化创意区、科技研发区、高新技术产业区、口岸服务区、中心商务区、国际居住社区、休闲度假区、生态景观区）"的功能布局（图4-2），逐步把横琴建设成为"一国两制"下探索"粤港澳"合作新模式的示范区。

2021年，中共中央、国务院印发了《横琴粤澳深度合作区建设总体方案》，更加明确了横琴总体发展目标，健全了粤澳共商、共建、共管、共享体制机制，加快了创新要素集聚，推动了琴澳一体化发展，实现了粤港澳大湾区建设的新高地。

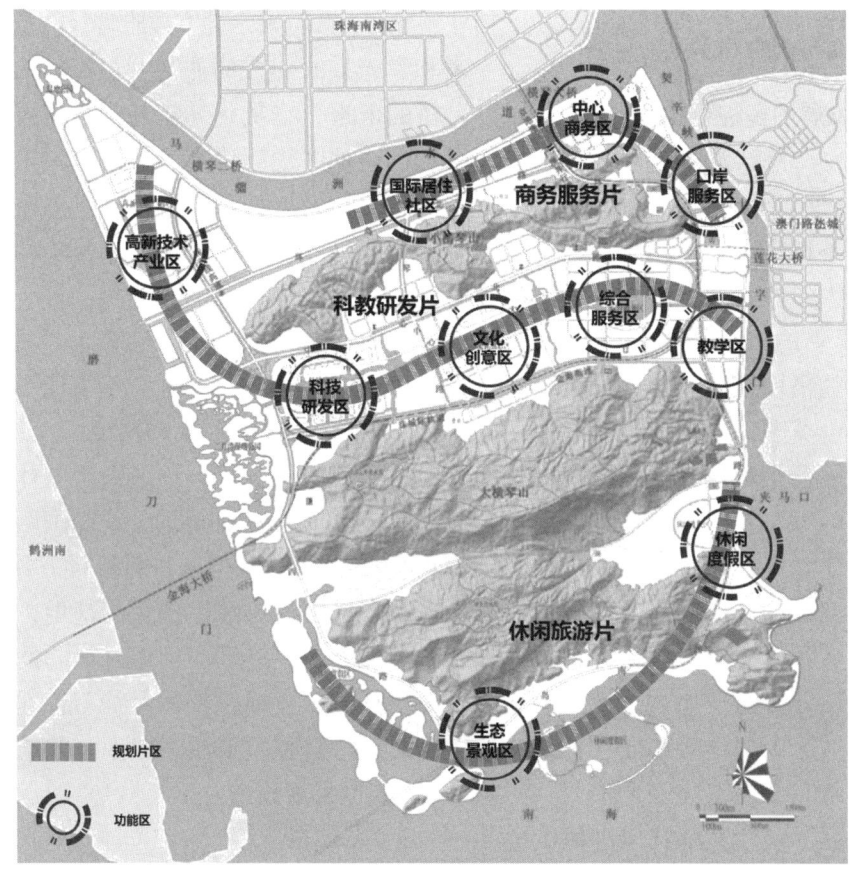

图 4-2 横琴空间发展模式

（二）城市总体规划的意义

上述珠海、横琴城市总体规划赋予横琴科技园区的意义主要有以下几点。

①明晰城市发展方向及目标，明确科技园区的发展定位；

②理解城市功能布局，把握科技园区的功能定位；

③实现城市"创新型区域"的构想，构建高质量的科技园区；

④提高城市土地利用效率，有效利用资源，落实科技园区的协同发展理念，推进产城融合；

⑤保护自然生态环境、历史文化环境，构建特色的生态科技园区等。

二、多种空间发展模式的启示

（一）城市发展的多种可能

城市发展是一个综合的动态体系，城市规划研究不仅仅着眼于平面土地的划分利用，也不仅仅局限于三维空间的布局，而是引入了社会、经济、历史和文化等多种要求的"融贯的综合研究"，因此不同的情境可能出现不同的城市模式。下面以英国剑桥情景规划和德国鲁尔转型发展两个案例来说明城市发展的动态性。

剑桥科学园建立后，高科技公司数量激增，剑桥城及周围地区的相关高技术从业人员超过3万，与原有城市发展策略发生冲突：①就业岗位增加导致居住需求量加大，城区内严格限制居住建筑新建致房价上涨；②在城内及周边工作的人因房价不得不居住在绿环以外的廉价地区，通勤成本增加，而城外居民大多为中低收入者；③周围村庄和集镇的人口增幅居剑桥郡前列；④每天由城外涌入城内工作的有40000人，大大超出了本地居民；⑤靠近城区的道路日益拥挤，废气排放增加和污染日益严重。

针对以上问题，一个由剑桥当地的商业领导者、政治家、地方政府官员以及专家和学者共同组成的非营利组织——"剑桥的未来"，从1996年开始对剑桥城区和周边地区进行研究，通过有关土地利用、交通发展的计算机模拟对剑桥未来50年的地区发展模式进行了检验和评估，提出了几种可行性比较方案：最小规模地发展、增加城市的建设密度、"项链式"发展、绿地的置换、加强沿交通线的发展、虚拟高速公路、新的城镇。

不同于剑桥，德国鲁尔区则是整体转型发展。鲁尔区（Ruhr）位于德国西部的北莱茵-威斯特法伦州，面积4400平方千米，是德国的煤和钢铁生产基地，也是欧洲最大的经济区。根据时代的发展，鲁尔区以产业地段整体保护与管理运作模式进行转型，采用"多中心的结构紧凑"空间发展思路。

（二）几点启示

引起剑桥城市快速发展的主要原因是高新技术产业的发展，剑桥未来规划关注的主要是主城及周边地区的发展模式选择。"剑桥的未来"的研究注重发展模式相关因子的模拟及风险评估，并在"3E原则"[①]的评估框架内进行分析、

---

① 3E原则中的3E指生态、经济、效益（ecological、economic、efficiency）。

比较和判断，并探寻适合的未来发展之路，是以情景规划方法进行规划问题研究和策略制定、检验的成功案例。

鲁尔区的转型是一个区域层面多中心、城市群的整体发展过程，由起初单纯改造传统工业到侧重发展新兴产业，并发展以知识和创意为载体的城市新产业，到大力发展现代服务业产业，紧跟世界产业发展趋势，其成功转型的外在表现是工业遗迹的有效改造。鲁尔区从战略目标、政策制定开始，历经50年的改造发展，以"渐进主义"为原则，通过结构政策和经济发展方案，从单一功能的工业区转变成为一个有多种经济基础的都市区，在欧洲都市区中成为代表性的区域，其竞争力随着在知识经济中的持续创新而得以增强。鲁尔区的振兴计划在时间和空间上跨度极大，有效的规划管理和运作模式是整个计划的基础和保障。

当然，每个城市和地区的发展特点各异，经济发展水平、社会制度不同，规模和复杂程度也不一致，因此适合的发展方式选择一定是多样化的。虽然，珠海的规划建设不可能直接照搬剑桥城的发展规划研究，因为珠海地处的珠三角区域，具有鲜明的地域特征，但在当前世界产业格局变化的背景之下，提升城市竞争力、保持城市的可持续发展这

一目标对于各个城市而言是一致的。因此，从战略目标、政策制定的决策层面到规划方法的技术层面，横琴科技园区的发展问题完全可以从上述案例的规划理念和战略研究思路中得到启示。

三、珠海横琴的创新空间规划与高科技园区绿色发展

目前珠海横琴的空间规划不仅仅是技术策略的选择，更是充分发挥了协调控制的基本作用，以新的规划理念和方法保证城市空间规划在整个社会机制中起到积极作用，为城市的生态建设和布局建立良好的建设环境，奠定可持续发展基础。

城市空间规划为创新空间规划提供了方向，创新空间规划为高科技园区绿色发展提供了背景和基础。城市创新空间规划强调了科技园区良好物质环境的本位原则，回归最基本功能，并克服自身局限性以实现园区特色。城市创新空间规划是促进园区发展的根本，市场经济是衡量园区发展的基本指标，归根到底，园区发展是经济发展。因此，为实现科技园区的可持续发展，应根据政策及标准，优化空间规划，提高市场经济效率，坚持公平公正原则管理市场运

行，避免对效率、速度的一味追求而导致的科技园区发展失衡。

在知识经济的背景下，高科技园区成为城市发展的经济引擎，使科研机构、产业、居民与城市之间在经济、科技、文化、生活等领域形成共生关系。这亦说明了高科技园区的成果集聚效应本质上是一种经济关系的聚集，规划设计是经济发展概念的一种体现。因此，在规划横琴科技园区时，首先应回归理性，加强"产学研"三级联动机制（表4-1），为城市创新空间提供新的动能和方式，构建有活力的科研人居环境，助力优化城市空间规划机制。

表4-1 "产学研"三级联动机制

序号	三级联动机制内容
1	避免联动战略目标的单一性，从城市、社区、科技园区三个层面实现战略目标
2	加强对科研能力和地方吸纳能力的差异研究
3	对城市空间规划来说，应规划适于创业、创新发展和人才生活居住的场所，协助创造一个良好的地区吸纳环境（创新氛围、社会资本、商资基础等），为实现科研知识的溢出效应提供物质条件
4	强化"三级联动"的制度建设，拓展多元主体参与联动的方式，利用好不同类型科研机构丰富的智力资源、经济资源、社会资源以及研究成果，为城市知识创新区的发展提供新的联动途径和方式

高科技园区的规划设计应以整合设计为主要方法。整合设计是一个系统化的设计方法，高科技园区的规划设计须以城市的视角将园区置于城市、社区可持续发展的背景下进行全面思考和分析，在规划设计的过程中重视园区环境的分析以及功能布局分析。对园区环境的分析应将区位关系、周边交通情况、市政设置、生态系统和功能定位等内容纳入统筹思考范围，使园区更加科学合理，融入环境，与城市、社区、园区协调发展，提高园区的综合环境质量。对功能布局分析，主要针对产业规划、使用者的行为心理特征、产业特色等进行分析，提供合适的空间以适应各种功能开展。因此，针对高科技园区的特点，梳理归纳出横琴科技园规划设计应关注的要点，见表4-2。

表4-2 横琴科技园区规划设计要点

横琴高科技园区规划要点	（1）提倡紧凑布局，提高高科技园区的土地开发强度。足够的人口密度是有活力的社区的基本前提，要促进科技园区内创新主体之间的交流和互动，必须提高园区的公共空间密度 （2）倡导公交出行，营造宜人的步行系统，为非正式交流创造场所和机会 （3）引导园区的功能复合，实现土地的混合使用。扩大产业用地的兼容性，增加园区规划的弹性、灵活性与可操作性，促进创新主体的多元化 （4）构建第三生活空间体系。创新主体之间面对面的交流、社会关系和网络的建立大部分是在第三生活空间完成的，随着社会进步和生活质量的提高，人们在第一生活空间和第二生活空间逗留的时间会减少，第三生活空间的重要性愈发显著
横琴高科技园区建筑设计要点	（1）重视建筑前期策划，建筑师应积极参与相关设计任务书的制定和调整工作 （2）认识建筑设计与规划之间的关系 （3）考虑建筑的场所精神，场所不仅是物质的，也包括了社会、文化和历史等精神层面的含义 （4）充分认识研发创新建筑中知识流动和交流协作的特点，交流共享空间的重要作用和意义 （5）加强绿色技术应用，实现绿色建筑设计，达到可持续发展目的

第二节 横琴科技园区的"可持续发展"实践之道
DIERJIE　HENGQIN KEJI YUANQU DE "KECHIXU FAZHAN" SHIJIAN ZHI DAO

一、横琴科技园区的整体布局

（一）横琴科技园区项目分析

横琴科技园区位于广东省自贸区横琴科教研发片区内。横琴一般指横琴粤澳深度合作区，位于广东省珠海市横琴新区（横琴岛）所在区域，地处广东省珠海市南部，毗邻港澳。2009年8月14日，国务院正式批准实施《横琴总体发展规划》，将横琴岛纳入珠海经济特区范围，计划逐步把横琴建设成为"一国两制"下探索"粤港澳"合作新模式的示范区（图4-3）。中共中央、国务院先后印发了《粤港澳大湾区发展规划纲

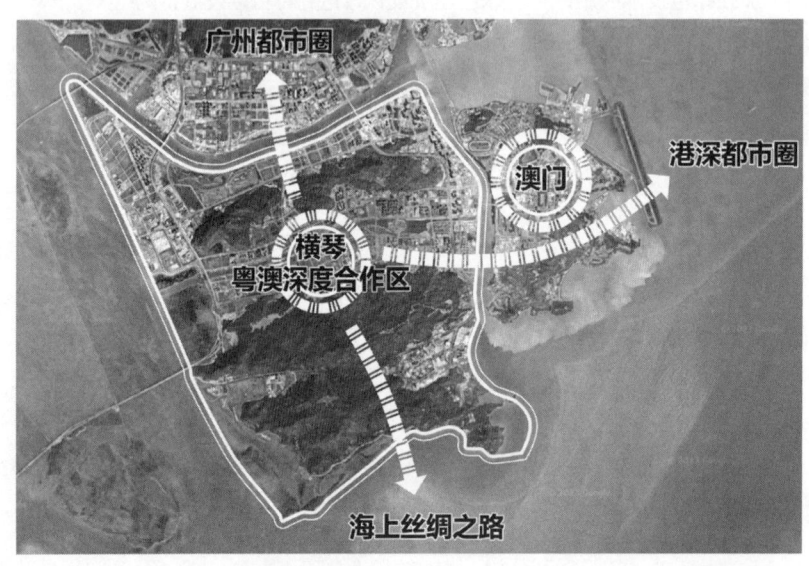

图4-3　横琴粤澳深度合作区区位特点

要》《横琴粤澳深度合作区建设总体方案》，为实现横琴粤澳深度合作区建设指出具体的措施、方案。

1. 项目现状分析

通过对横琴科技园区的实地考察和研究，从以下几方面对横琴科技园区现状及其绿色发展进行分析并提出问题。

（1）知识流动方面：项目周边发展相对不够成熟，项目所在区域目前产业基础有限、人气相对不足，如何实现横琴科技园区项目的知识流动？

（2）社会资本方面：如何充分把握国家战略及区域发展带来的机遇，如何充分利用社会资本，从而实现精准定位，打造具有自身特色的创新标杆？

（3）创新要素方面：在现有产业基础薄弱的背景下，如何利用横琴政策及已有的基础优势，挖掘具有特色的产业定位方向，从而提升实施价值？

（4）区域经济方面：基于市场可实现性，以及目标产业客户的需求特征，如何形成合理的功能配比以及产品打造方向？

（5）创新体系方面：基于项目定位方向及功能打造问题，如何实现园区布局平衡？

高新技术产业作为横琴新区重点打造的七大战略产业之一，目前尚处于发展初期，产业基础和集聚度相对薄弱。为大力推动横琴新区创新驱动发展和自贸试验区建设，珠海决定打造横琴科技园区项目，以便搭建横琴高新技术产业的承接载体和聚集平台，但这必将面临来自深圳、广州等珠三角创新先行城市的挑战。

从未来发展的角度来看，基于横琴高科技园区面向珠港澳一体化的区域发展机遇、横琴自贸区的产业政策优势及科技产业的优良基础，可以充分考虑项目特色及定位，从产业、功能、设计等多个维度进行创新，以突破竞争重围，打造科技创新产业示范区。

2. 城市创新空间的构建

（1）思想指导：遵循"大众创业、万众创新"的思想，坚持以市场为导向，加强政策集成，强化开放分享（加强跨区域、跨国技术转移，整合全球创新资源，产学研协同创新），提升创新服务模式（通过市场化机制、专业化服务有效集成创新服务资源，提供全链条增值服务），实现创新产业的生态集聚，为构建生态创新空间奠定基础。

（2）基本路径：①以内生性创新提升科技创新能力，实现创新空间向国际化转型；②加强前端技术研发，完善科技创新的生态圈；③加强引领作用，在资源优越的一线城市中打造创新空间，形成创新集聚效应，带领城市二、三线创新空间快速发展，从而加速整体发展（图4-4）。

城市创新空间构建是基于"可持续发展观"，以横琴高科技园区的创新效益为视角，构建生态、绿色的城市创新空间。通过对横琴城市创新空间要素分析（表4-3），建立科技园区的创新指数（表4-4），并结合国内外有利于创新空间的发展趋势及模式，可以归纳构建横琴科技园区的绿色发展策略。

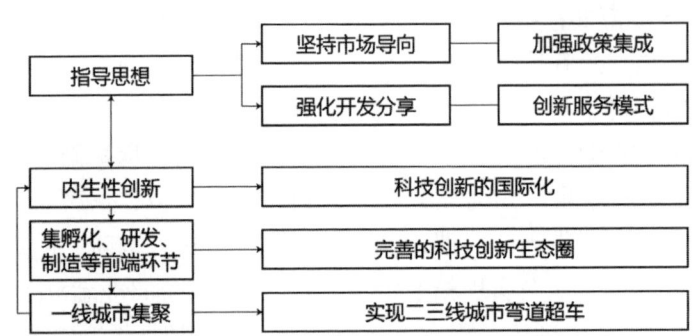

图 4-4 城市创新空间的技术路径

表4-3 横琴城市创新空间要素分析

名称	内容	评价
创新主体	主要由人、企业等构成。现阶段横琴区知识流动薄弱，科技园区功能布局相对单一，暂无法满足城市多元化需求	单一
创新资源	横琴科技园区为横琴科教研发片区的首发知识集聚项目，无成型的基本资源基础，在居住功能上，横琴市场上有住宅项目5个，公寓项目3个，其中横琴梧桐树大厦属于商住两用物业性质，待项目成型，辐射周边，将形成良好的成果效应	薄弱
创新机制	实现了港珠澳城市的协同创新，在香港、澳门发展的促动下，在深圳、广州的市场竞争压力下，利用项目区位优势，靠近产业集聚和消费市场，用好创意基金、低成本办公场所等优惠政策，保证横琴科技园区的组织开展	良好

（续上表）

名称	内容	评价
创新环境	香港以实现文化创意、创新科技、检验认证、环保产品、医疗服务、教育服务等为产业发展主导，澳门以旅游、会展、贸易、文化创意、中医保健为产业发展主导，因此在此基础上，珠海以实现高新技术、高端服务、智能制造、特色海洋经济与生态农业为产业主导，助力推进港珠澳协同创新	较好
功能定位	"三高一特"的产业体系，打造成国际化科技园区	

表4-4 横琴科技园区创新指数分析

名称	内容	定位	说明
创新能力	科教研发、高新技术、智能制造等	伺机发展（65%）	三者具有渗透作用，可协同发展
创新服务	休闲旅游、金融产业、商务服务等	主导发展（95%）	
创新环境	休闲旅游、文化创意、中医保健等	重点发展（85%）	

（二）整体发展策略

横琴科技园区享有港珠澳一体化优势、横琴产业政策优惠、科技产业基础优越的区域协同发展机遇。因此，根据上文对横琴科技园区的思考与分析，可以探索出横琴科技园区的整体发展策略（图4-5）。

通过对宏观的、具有指导性的功能定位、产业规划、空间布局等要素及它们之间的关系进行分析，找出其中的创

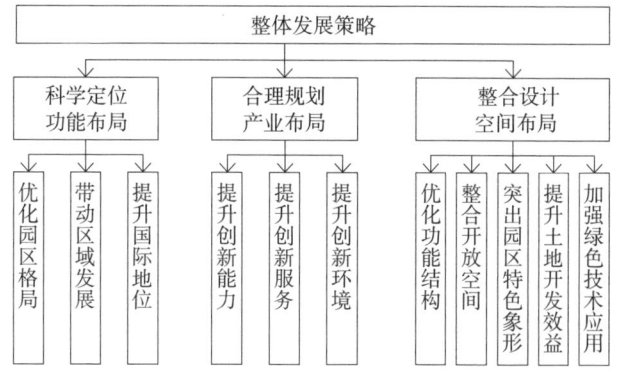

图4-5 横琴科技园区的整体发展策略

新主体、创新机制、创新环境、创新资源之间产生的关联效应,为横琴科技园区的生态系统构建奠定基础。

1. 科学定位功能布局

功能定位是科技园区整体发展的方向,需要纵观国内外科技园区的发展潜力及趋势,结合自身条件和发展目标,科学定位功能布局。科学的功能定位是建设绿色生态科技园区的前提条件和基础,有利于优化科技园区格局,带动区域发展,提升科技园区国际地位,为科技园区的绿色发展奠定坚实的基础。

横琴科技园区首先需要分析地域环境,加强资源共享,结合人本需求,形成"开放、交流、智慧、生态"的格局。然后,基于科技园区格局,加强功能的复合化应用,突出特色产业,营造生态高效的科技园区,实现对横琴产业的全面带动,打造重要的产业发展示范。最后,通过加强国际的合作实现对外输出,提高国际地位(图4-6)。

2. 合理规划产业布局

产业规划是科技园区的中坚力量,具有承接功能定位,启发空间设计的作用。合理的规划产业布局,是通过理性提升园区的创新能力、创新服务以及创新环境来实现的,目的是优化横琴科技园区产业结构,提高创新效率,实现横琴科技园区高质量发展(图4-7)。

(1)提升创新能力

创新能力体现在平衡园区布局、合理规划促进协调发展两个核心方面。通过注重办公智慧化、居住生活化、商业休闲化打造特色化园区,实现功能集合、环境生态、建筑绿色。

(2)提升创新服务

①加大政策吸引。依托现有税收优惠等政策,进一步争取新的科创政策,以及设立针对性目标产业的投资基金,

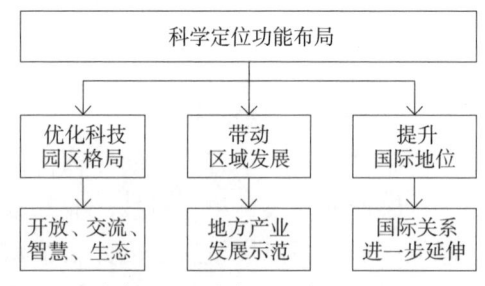

图 4-6 科学定位功能布局示意图

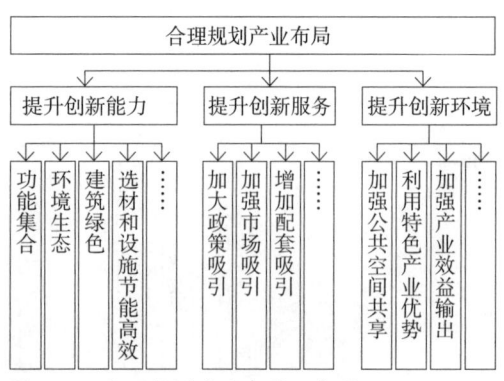

图 4-7 合理规划产业布局示意图

吸引前沿且具有影响力的研发技术产业加入。②加强市场吸引。依托特色产业以及科研技术等吸引消费市场和游客市场，加强人与产品的互动，激发园区的活力。③增强配套吸引。完善的基础设施配套是实现园区综合高效的基础，打造多功能融合的园区，实现园区的多样化，提升园区人气，满足人本需求、功能复合原则，实现横琴科技园区绿色发展。

（3）提升创新环境

①加强公共空间共享。加强产城协同，加强人与人、产业、技术的互动体验，提高创新环境活力。

②利用特色产业优势，加强产业效益输出。加大特色产业的升级，增强产业效益输出和市场竞争力，是园区发展的立足之本。

3. 整合城市空间布局

整合城市空间布局，即构建园区的生态系统，使其实现可持续发展（图4-8）。主要包括：①优化功能空间结构，促进科技园区创新氛围培育；②整合公共开放空间，提高科技园区与城市的开放度；③突出园区特色形象，加强科技园区的认同感；④提升土地开发效益，提高国土使用效率，调整用地比例；⑤加强绿色技术应用，尊重地域文化，实现高质量发展。

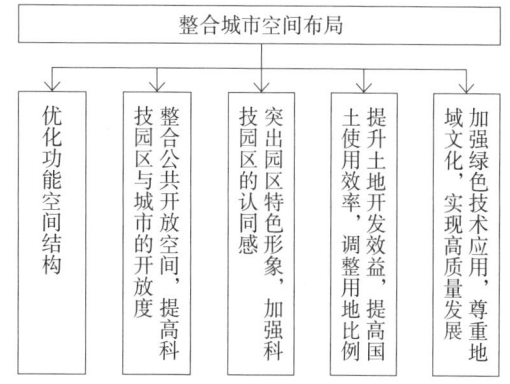

图 4-8　整合城市空间布局示意图

二、横琴高科技园区的可持续发展分析

（一）科学选址（区位资源）

横琴科技园区集聚在横琴粤澳深度合作区科教研发片区，具有优质的天然环境、社会环境，拥有充足的资源基础（图4-9）。

（1）自然资源

横琴位于广东省珠海市香洲区，西濒珠江口，南濒南海，西接磨刀门水道，地貌类型有低山、丘陵、滩涂等，土壤质量优良，空气清新。因此，横琴具有丰富的自然资源，有效地利用自然资源，能节能高效，为横琴科技园区的绿色发展奠定优良的基础。

（2）社会资源

横琴处于港澳地区的交会点和"内外辐射"的接合部，区位优越。

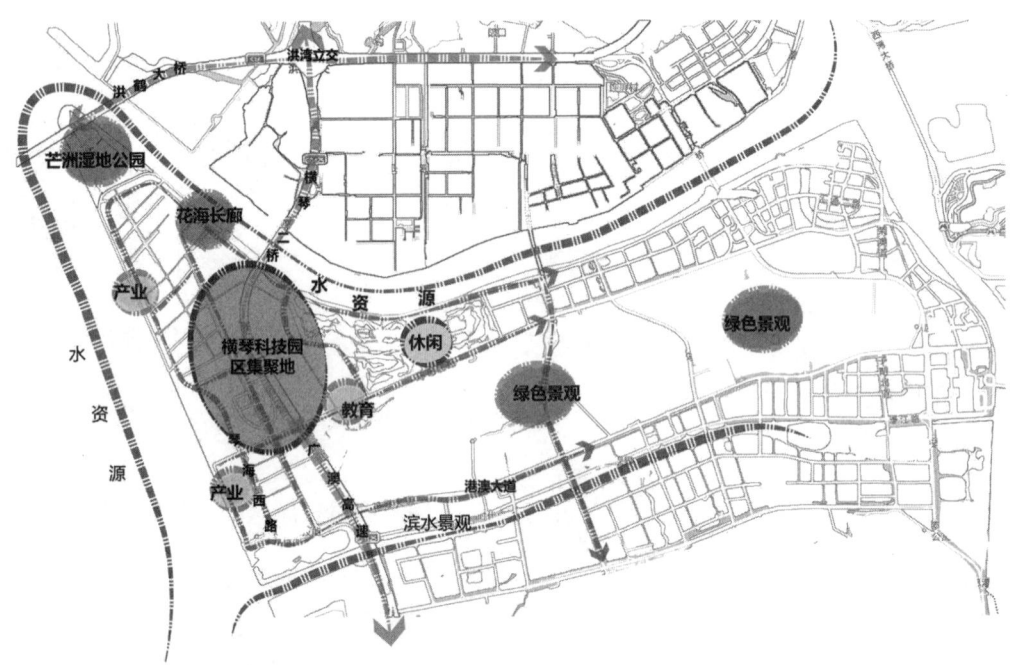

图 4-9　横琴科技园区的科学选址

①交通便利：拥有航线、道路、桥隧等设施，其中有港珠澳大桥和国际航线大西水道，实现各区域的相通，且周边有香港、澳门、广州、深圳四大国际机场和珠海、佛山两个国内机场，交通网络丰富。

②市政完善：市政基础设施丰富，其中包括道路及管网等配套工程、堤岸工程等。高规格的基础设施建设为项目未来接通市政管道创造了良好的建设条件。

③区域配套：横琴目前的教育、医疗、体育等规划均参照香港、澳门的标准进行设计，齐全的商业、教育、医疗、行政办公等为项目创造了完善的社会配套。

总之，横琴科技园区享有国家重大战略优势，交通便捷，区位优势显著，但目前仍是区域尚待开发、产业基础有限的科技创新综合体项目。

（二）横琴科技园区的绿色发展解决方案

1. 对科技园区项目的反思

经过一系列的案例分析研究，以及

对横琴科技园区的深入解读与研究，整合归纳，发现以下几项打造科技园区项目存在的问题。

①大多数科技园区建设以功能主义为主，强调办公、研发空间的利用效率，而忽视建筑其他性能；

②建筑群体组织主要以研发工艺流程为依据，而忽视创新建筑的特色；

③多数采取模数化、标准化的办公模式，而忽视自由灵动的共享空间；

④大多数科技园区建设以经济指标为要，忽略了与环境的融合共生；

⑤大部分科技园区关注主要的功能建设，欠缺配套服务设施，忽视了多功能融合的多元化发展，导致功能单一；

⑥大多数科技园区关注经济效益，忽视绿色生态技术的运用，即忽视生态效益；

⑦大部分科技园区关注规范、标准，而忽略人本需求。

2. 横琴科技园区整合设计

（1）布局分析

横琴自贸区承载着内地与港澳地区、中国与拉美地区科技与经贸合作以及"一带一路"倡议延伸的重大使命，而科技园区作为重要的载体之一，应充分思考如何促进创新能力的提高并形成良好的示范效应。

高新技术产业作为横琴区重点打造的战略产业之一，目前尚处于发展初期，产业基础和集聚度相对薄弱。为大力推动横琴创新驱动发展以及高品质建设，应重视横琴科技园区的建设和效益，以便更好地优化横琴高新技术产业的承接载体和聚集平台。

从未来发展的角度，科技园区作为横琴的重要载体以及科技创新产业发展的示范样板，必须充分考虑科技园区的特色定位，从产业、功能、设计等各个维度进行创新考虑，以突破竞争重围，实现跨越式发展。需要深入实施创新驱动发展战略，深化与粤港澳的创新合作，构建开放型融合发展的区域协同创新共同体，集聚国际创新资源，优化创新制度和政策环境，着力提升科技成果转化能力，建设全球科技创新高地和新兴产业重要策源地。

本节主要针对横琴的科技园区进行思考，分析横琴科技园区的绿色发展路径。横琴的科技园区集聚在横琴粤澳深度合作区高新科技产业园片区，是横琴唯一一块高新技术产业地块（图4-10）。横琴各个科技园区的布局现状及分析见表4-5，各创新空间布局分析见表4-6。

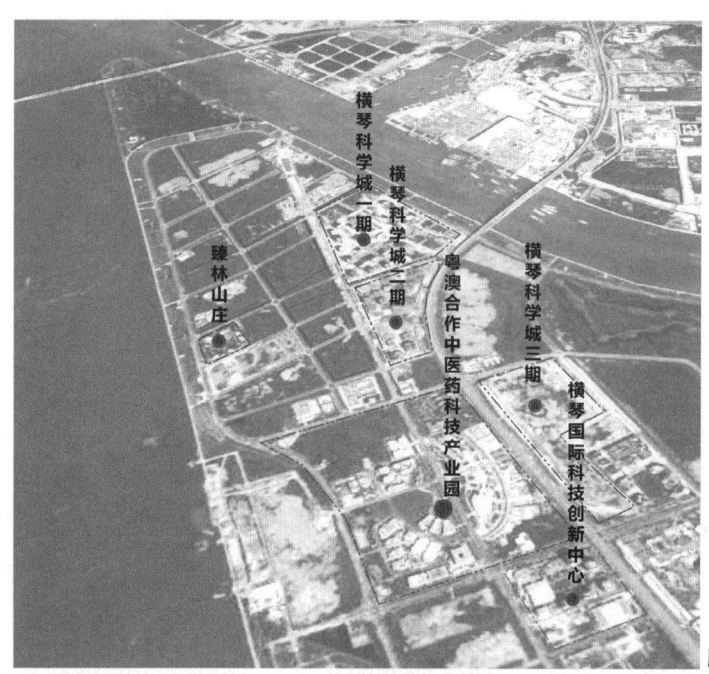

图 4-10 横琴科技园区的区位图

表4-5 横琴科技园区布局现状

名称	布局示意图	形态
横琴科学城一期		项目在建，建设基本完成；是集聚产业、商业、居住+幼儿园的"生态社区"

（续上表）

名称	布局示意图	形　态
横琴科学城二期		项目在建，已经初见建筑形态；是集聚产业、研发、办公、商业、生活配套等多样使用功能的新型城市空间
横琴科学城三期		项目刚开始动工，暂时还未有形态；是约80万平方米规模的新城市，以"城市绿洲"为理念，集聚产业、科研、居住、休闲商业等，为功能复合的生态园区，是可持续发展的城市体
横琴国际科技创新中心		项目已建成；是有自贸优势、有政策高度、有区域特质的国际一流科学城。其集聚产业、展示、商业、居住等功能，是具有地域文化的生态园区

（续上表）

名称	布局示意图	形态
粤澳合作中医药科技产业园		项目已建成；着力打造集中医医疗、养生保健、科技转化、健康精品研发、会展物流于一体的国际中医药产业质控基地。集聚产业、研发、展示、养生基地配套区等功能。具有良好的生态环境
横琴科学城/臻林山庄		项目已建成；是集聚养生酒店、休闲、工作、娱乐服务设施等功能的生态园区

表4-6 横琴科技园区创新空间布局分析

名称	主要内容
横琴科学城一期	横琴科学城分三期建设，其主旨为将横琴科学城建设成现代绿色综合产业园区，集合人工智能、大数据、云计算、生命医药四大产业板块，打造"四城四翼两带"的现代复合科学城。拟打造成粤港澳大湾区经济资源聚集中心，科研产业人流、物流及信息流的高速运转通道。横琴科学城采用"一城、两翼、三谷"的功能体系，致力于将横琴唯一一块高新技术产业园区打造成一个"以城促产、以产为基、以产兴城"的"国内领先创新型特色园区"及"国际一流都市型科技园区"，集"产学研居"一体化的生态园区
横琴科学城二期	
横琴科学城三期	

（续上表）

名称	主要内容
横琴国际科技创新中心	体现珠海横琴"合作、创新、服务"的发展理念，整体定位为"科创+"国际创展示范平台和"科创·社区"，充分展现该园区的整体定位，是诠释中拉合作及东西方科技文化交流的重要纽带。其功能布局主要由展示中心、办公、公寓、中拉商贸园等组成，呈现"一心两带，九塔一街"空间布局；其中主要运用的绿色方案为功能复合化、集约建设、减少能耗，并在此基础上关注地方文化等
粤澳合作中医药科技产业园	着力打造集中医医疗、养生保健、科技转化、健康精品研发、会展物流于一体的国际中医药产业质控基地。充分体现生命的有机生长理念以及园区"健康·绿色"的功能定位。其功能主要有产品研发、办公、会展物流等，空间布局呈现植物生长的秩序，多维的空间景观实现有机组合，且由单一的功能要素实现功能、空间复合化，最终形成中心绿轴贯穿始终、各组团融合对话的空间形态
横琴科学城/臻林山庄	"臻林山庄"项目是首批推荐进入横琴"粤澳合作产业园区"的项目之一。以养生为主题打造国际型的度假酒店，为整个横琴科技园区的后勤服务作强大的后盾，更是有效促进横琴多元化发展的首要载体，将有力推动珠澳产业协同发展，加速经济深度融合。整个园区生态景观覆盖率高，养生、休闲娱乐服务设施齐全，是具有"生态+"功能的园区。

纵观横琴科技园区的各园区，基本具有布局融会贯通、集约、功能多样化、生态化等普遍性与个性特征，并均为集产业研究、办公、商业、休闲、生活一体化的新型城市空间。

（2）现状绿色方案分析

横琴科学城的分期建设体现了弹性发展，符合科技园区的生态理念和可持续发展原则。横琴科技园区主要体现"生长与共享"的理念，通过对主旨的把握，结合宏观政策、中观区域环境、微观绿色技术，打造有机的生态社区。

横琴科学城的绿色体现，主要为提高场地能效，以及设置各功能布局"绿色链"，实现园区功能集约复合化等。其中的"中心绿谷"实现了良好的微气候系统，结合园区规划和建筑设计，把握建筑之间的D/H值，实现了园区的优美天际线和最大化的绿视率，并形成良好的通风系统以及拥有充沛的自然光和舒适的尺度感。再结合对外围护结构的处理，使建筑的绿色性能更为高效，舒适度更高。其景观生态环保，创造了可持续的生态建筑系统和低维护的景观设计，让工作和生活空间更有自然活力，使园区具有天然的隔音屏障功能，也重新定义了工作与生活平衡。

横琴国际科技创新中心基于功能的多样性和建筑单体的复杂性，总体布局上创造了一个周围建筑都能共享的绿色、生态中央庭园，建筑围绕中央庭园进行舒展的组织，中央庭园亦成为园区的绿色中心，并且地上空间与地下空间融会贯通，达到了建筑使用的公共性和高效率。中拉经贸合作园区地面的生态景观水系和步道沿中央庭园环绕，形成一条生态"绿环"，把各个户外公共空间有机串联，并引水至中拉经贸园的主中庭。二层环形连廊联络起了园区的各栋建筑，形成一个平台式的"活力纽带"，把各个功能有机地联系起来。园区九座塔楼和岭南商业街以中央庭园为中心，在"活力纽带"的有序组织下紧密地串联起来。最终，园区建筑形态疏密有致，空间舒紧有序、特色突出，中心开敞舒畅，外围紧致有序，功能布局融会贯通，形成完整的功能生态社区。另外，还采用了海绵城市、绿色建筑、智慧园区等新技术和特色功能，把园区打造为"乐业生态之园"。

粤澳合作中医药科技产业园以"有机生长"为理念，以生态景观轴、良好的建筑系数为底蕴，打造了低能耗以及舒适的空间。园区注重气候适应性，加强场地通风、遮阳，把控建筑D/H值，展现宜人尺度，并提供了舒适宜人的园区环境。同时，把握园区的地域性、文化性，打造时代性的建筑形态，既体现了中医药文化特色，也塑造了具有生态建筑特征的建筑。创新性的外围护结构打造，既重视功能与美观价值，又使整体设计富含现代科技元素、时尚元素和艺术性。另外，在建筑材料和设计细节上体现出独特的科研文化内涵，如一立面竖向构件采用渐变斜折穿孔铝板，既起到遮阳及通风的作用，又有一定的防虫过滤效果。水平构件设置于吊顶位置，上部开窗，既达到最大化遮阳效果，同时加强了空气对流。因珠海横琴气候温暖湿润，适合植物生长，于是采用垂直绿化，不仅美观而且使得建筑室内冬暖夏凉，还可以改善园区热岛效应，吸尘降噪等，符合中医药产业园的绿色生态理念。最后，该园区考虑了建筑生命周期与社会发展的多样性功能之间的协调发展，以实现可持续发展目标。

横琴科学城（臻林山庄）是首批推荐进入横琴"粤澳合作产业园区"的项目之一。由"养生健康"酒店、生态、共享休闲娱乐服务设施等组成，不仅为整个横琴科技园区的"人气"引进提供强有力的支撑，更是有效促进横琴多元化发展的首要载体，将有力推动珠澳产业协同发展，加速经济深度融合。整个园区注重"以人为本"的需求，因此在物质层面、非物质层面均进行了良好的把控和设计。在空间质量方面，景观生态环保且生态景观覆盖率高，功能布局完善，打造成了健康、绿色的园区。

通过对横琴科学城一、二、三期及横琴国际科技创新中心、粤澳合作中医药科技产业园、横琴科学城（臻林山庄）的绿色方案进行系统聚类分析（表4-7），构建出科技园区的"生态圈"（图4-11），即结合园区布局特点，综合归纳出园区具有的鲜明生态理念以及绿色设计方法。

表4-7 横琴科技园区的绿色方案分析表

名称	绿色方案分析
横琴科学城一期	1. 分期建设、弹性发展，符合横琴科技园区的可持续展理念； 2. 提高场地能效； 3. 把握建筑之间的D/H值，实现园区的优美天际线和最大化的绿视率； 4. 场地布局紧致有序，形成良好的通风系统以及拥有充沛的自然光和舒适的尺度感； 5. 对外围护结构的处理，提高被动节能； 6. 景观生态环保，降噪隔音等； 7. 智慧园区、海绵城市等绿色技术
横琴科学城二期	
横琴科学城三期	
横琴国际科技创新中心	1. 功能复合化，集约高效； 2. 加强生态环境，打造良好微气候系统； 3. 建筑形态张弛有度，提高舒适度； 4. 增强城市意向、美观。 5. 注重空间共享交流、实现高效创新价值； 6. 智慧园区，实现空间高效使用

（续上表）

名称	绿色方案分析
粤澳合作中医药科技产业园	1. 注重气候适应性，遮阳、通风； 2. 注重选材，降低能耗； 3. 注重建筑系数； 4. 注重维护结构打造、垂直绿化等，降低能耗； 5. 提高场地能效，集约用地； 6. 注重建筑美观； 7. 发展性布局，可根据实际发展对空间进行调整，以满足可持续发展所需； 8. 智慧园区，实现空间高效使用
横琴科学城（臻林山庄）	1. 注重"人本所需"； 2. 提高场地能效； 3. 绿色生态景观； 4. 功能多样化； 5. 智慧园区，实现空间高效使用

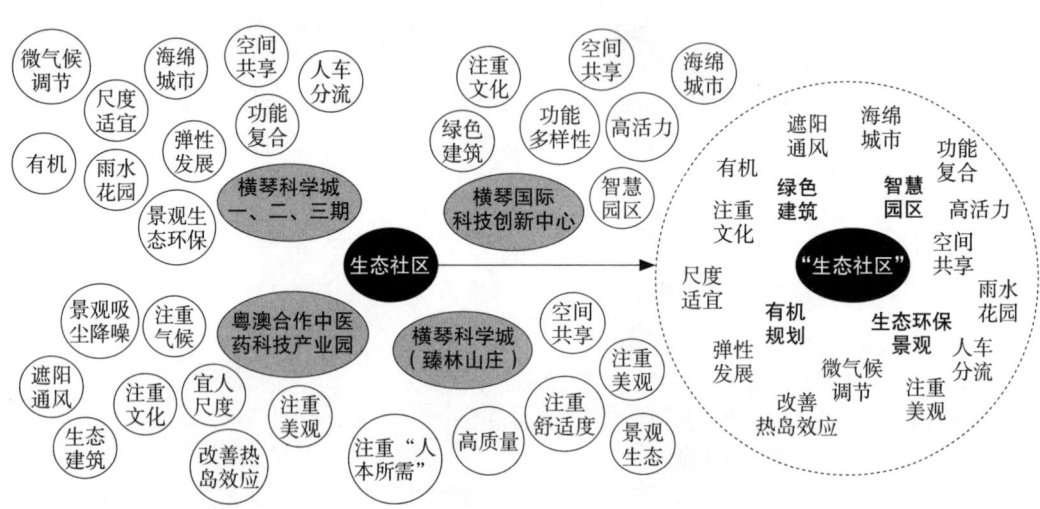

图4-11 科技园区"生态圈"

通过以上分析，可以发现横琴科技园区基于可持续发展观理论，遵循"一主旨、四分项、八方法"，实现了科技园区的绿色化，呈现高品质发展。

1）一主旨——生态社区

"生态社区"遵循"共生理念"，共生理念是在系统论视角的基础上研究系统共生的生成、发展、变化，最终的目标是维持系统整体的长期、稳定状态。即在科技园中应该实现人、产业与生态和谐共生的状态，达到人与人的共生、人与自然的共生、人与产业的共生以及产业与产业的共生。

其中，人与人共生主要强调人与人之间信息与知识的共享，通过鼓励沟通交流和碰撞的场所设置来激发创新活力。人与自然的共生在于"尊重自然"与"高效发展"理念之间实现平衡，应打造宜于工作、生活的自然生态社区。

2）四分项

"四分项"包括：有机规划、绿色建筑、景观生态环保、智慧园区。

①有机规划

规划布局实现了多功能有机融合（图4-12）。其分期建设、弹性发展符合科技园区的生态原则，契合可持续发展原则。科技园区的建设相对一般建筑，建设面积较大。基于城市生长以及

图 4-12　有机规划概念图

经济基础，分期建设符合生态原则，可使其实现多产业价值联动，并与城市有机生长、协同发展，并且在建筑生命周期与社会发展的多样性功能之间实现可持续发展的设计目标。

②绿色建筑

横琴属于湿热性气候，园区建筑应具有气候适应性特征，即建筑应具备良好的遮阳、通风效果，通过主动的、被动的节能技术和可再生能源应用，实施建筑电气化工程，推广新型绿色建造方式，促进绿色建材推广应用，推进区域建筑能源协同，推动绿色城市建设等，使建筑绿色且舒适。

海绵城市属于绿色建筑的一部分，

其主要通过合理的地形整理，使地表径流汇入沿主道路的植草沟，传输至雨水滞蓄区，并结合景观布置的雨水花园、下沉式绿地等海绵设施，集中滞蓄、净化，总体能够达到年径流总量控制率。场地河道能够在暴雨期间为一些超标径流的部分提供蓄洪空间，保障场地防洪排涝的安全性，并使一些湿地、河涌能起到水质净化的作用。

③景观生态环保

景观多样性：横琴科技园区的景观设计层次丰富，主要以庭院、草地、水景、休闲广场的形式出现（图4-13）。

微气候调节系统：基于功能的多样性和建筑单体的复杂性，横琴科技园区优化景观结构，通过合理的景观材料以及技术手段，在总体布局上充分实现了科技园区庭园的绿色共享、有机生态。

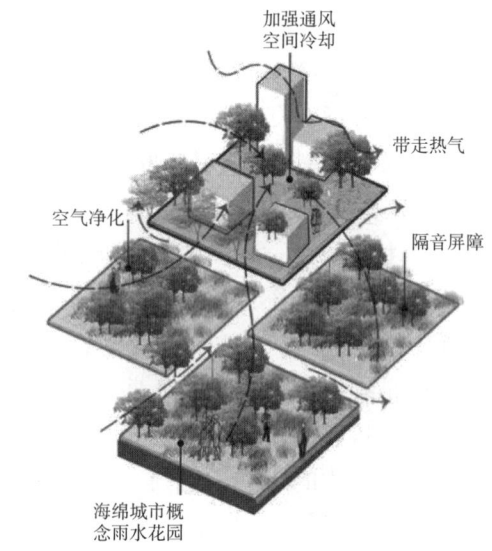

图 4-14 微气候调节系统

建筑围绕中央庭园进行舒展的组织，加强了场地的通风，并通过中央庭院使地上空间与地下空间融会贯通，实现了建筑使用的公共性和高效率。在此基础上，除中央庭园之外，水景、草地、休闲广场（树木）均具有调节科技园区微气候的作用，改善了热岛效应，实现了"绿色"、节能（图4-14）。

遮阳通风、吸尘降噪：自然生态景观不仅具有美化科技园区的作用，还具有绿色节能的作用。遵循美观原则，将园区布局有机串联起来，实现室内外空间共享，使园区总体布局和谐有机。尊重地域环境，在粤港澳地区，遮阳通风

图 4-13 景观多样性

是实现被动节能主要使用的技术手段。生态绿植具有天然的遮阳、通风、吸尘隔音作用，调节了园区的热岛效应以及减少了园区的能耗，为打造高效、绿色的科技园区贡献有机力量。

④智慧园区

科技园区是"生产、生活、生态"之地，通过智慧化设计，为科技园区打造一个安全、高效、舒适、便利的园区环境，实现园区的生产与生活高效融合，使科技园区生态化。

3）八方法

"八方法"包括：功能复合化、土地集约化、建筑共享化、提高产业集聚效应、以人为本、注重地域环境、关注绿色人文理念、高品质发展。

①功能复合化

横琴科技园区具有办公、科研、展示、会议、数据中心、生活居住、商业等功能，其建设内容不止于建筑与建筑之间，更偏重建筑内部空间的复合化。

②土地集约化

集约化的布局和空间的复合化，体现了集约土地的原则，多样的空间布局以及多元化使用，让紧俏的土地实现利用率最大化。

③建筑共享化

功能的多样性和建筑单体的复杂性，使建筑空间融会贯通，比如重点产业的公共实验室、产业服务中心、创业讲坛以及开放的会议中心、商务配套，可以全方位满足创新企业的发展需求；多样化办公空间及特色丰富的户内外空间设计，符合各类不同规模企业的诉求，特色的建筑及户外空间充分展现了园区特色；开放、宜于交流的公共平台与社交空间，提升办公的舒适度，激发企业的创造力和活力。

④产业集聚效应

通过对高科技园区的高品质打造，引进国内知名科技类企业、高新科技类成熟型企业，形成高技术产业的集聚，融入城市，服务城市，从而提升城市品质，增加城市效益。

⑤以人为本

注重使用者步行的体验，注重人的实际行为及感知，塑造良好的交通系统以及强弱关系氛围。结合虚拟现实及全息技术，实现其建设内容的全新特色展示体验。重视非正式空间，打造独具特色的风雨连廊，集商业、休闲、集会、生态、技术展示体验等功能于一体，促进沟通交流。

⑥注重地域环境

针对当地的气候特点，利用节能环保的技术手段，形成良好的遮阳、通风效果以及微气候系统；加上环保材料的利用，使园区更加生态、绿色。

⑦关注绿色人文理念

大湾区属于岭南地区，设计师将对岭南文化的理解转译为建筑特征，使得建筑绿色、宜人且富有诗意。

⑧高品质发展

面向实际需求，面向国际化、本土化、集约健康、绿色低碳，使大湾区科技园区向高品质发展，并落实可持续发展战略目标。

综上所述，应基于"可持续发展观"理念，以建筑学视角，整合设计横琴科技园区，以实现横琴科技园区的绿色发展。

整合设计是一个系统化的设计方法，横琴科技园区的规划设计必须持整体观，将建筑置于城市及社区可持续发展的背景下进行全面思考和具体分析，同时结合多元化、可持续发展观以及"大众创业、万众创新"的新时代背景，打造高新技术产业的培育基地，使其成为实现"一带一路""中国芯"发展战略的载体之一。横琴科技园区依托着自贸易区实验片区的国际窗口优势，承载着国际经贸交流合作以及主要科研和成果积聚、建设国际科技示范平台等发展使命，应拥有独特的规划及建筑语言，其绿色设计方案见表4-8。

表4-8 横琴科技园区的绿色设计方案

设计要点	主要内容
选址科学	在城市空间发展关系上，选址科学有利于实现良好的城市功能互动，提高城市建设的综合效益
布局有机	营造社区文化与环境特色，既注重城市轴线，又注重园区空间关系，围绕生态环境形成有机布局
功能综合	科技园区以多样化的功能实现时空的集约，提高综合效率
活力空间	多样化的功能，丰富的园区生活方式，吸引人才，提高园区空间的活力
资源共享	实现自然资源和社会资源的有效利用
节能高效	合理利用地下空间，节约土地，绿色选材，有效利用可再生能源
产城协同	在产业空间发展关系上，实现科技园区与城市互动，协同发展
建设集约	总体策划，优化配置土地资源和基础设施

（续上表）

设计要点	主要内容
交通可达	科技园区基本位于城市主要交通网络体系中，交通可达性优良
地域适应	对科技园区的地域气候做出气候适应策略，对地域文化做出文化适应策略，使其适应地域环境
环境共生	尊重自然生态环境、尊重历史文化传承等，优化园区景观环境、优化建筑与景观关系，使园区融合于环境，与环境共生
绿色建筑	优化海绵设计，加强建筑被动节能、主动节能，通过绿色技术实现建筑零耗化
特色园区	注重特色文化，注重特色产业，注重产业与文化的互动，打造城市的新亮点

三、湾区横琴科技园区的绿色强度体系构建

（一）湾区横琴科技园区的生态系统

1. 横琴科技园区主要绿色因子构成

通过以上对横琴科技园区属性的分析，结合对横琴科技园区的绿色发展方案的研究，可以量化分析横琴科技园区的绿色强度。根据研究，科技园区绿色路径构建主要为实现"环境与科技的共生"，下文基于"可持续发展观"视角，参考相关文献，并结合横琴科技园区概况，遵循生态创新的基本原则与理念，构建科技园区绿色强度体系。据研究发现，生态创新离不开自身因素与环境因素之间发生的化学效应，因此，绿色强度体系以提升"创新能力、创新服务、创新环境"为目标层，以"园区架构、产城协同、文化适应、气候适应"为准则层，以"园区类型、功能布局、创新功能、创新活力、社会文化、资源共享、环境共生、资源利用"为指标因子，其组成结构见表4-9。

表4-9 科技园区绿色强度体系

目标层	准则层		指标因子	变量
提升"创新能力、创新服务、创新环境"（GI）	创新环境创新资源创新机制创新主体	气候适应（E_1）	环境共生（x_1）	土壤条件、空气条件
			资源利用（x_2）	山、水资源丰富，森林资源
		文化适应（E_2）	社会文化（x_3）	地域文化、政策环境
			资源共享（x_4）	经济发达，人才、科学、教育资源
		产城协同（E_3）	创新活力（x_5）	经济形态、国际合作、开放城市
			创新功能（x_6）	产业链集聚、区位功能明确程度
		园区架构（E_4）	园区类型（x_7）	研发机构、工业型企业、服务型企业、综合型企业
			功能布局（x_8）	科技研发、产业生产、研发、生产、居住、休闲一体化

备注：各个因子间具有相互渗透交互作用。

2. 数据处理

利用REAP（Requirements Engineering for Agile Product）从文献资料和实地调研数据中进行数据收集，并根据科技园区的因子体系，选取相似度较高的样本，增强同质性的对比。在此基础上，根据因子信息类型和差异性，通过耦合度模型进行标准化处理[①]，其公式如下：

正向化指标：$x_{ij}=\dfrac{V_{ij}-\min(U_{ij})}{\max(V_{ij})-\min(U_{ij})}$（1）；

逆向化指标：$x_{ij}=\dfrac{\max(V_{ij})-V_{ij}}{\max(V_{ij})-\min(U_{ij})}$（2）；

文中各指标均为正向指标，因此，采用正向化指标公式对数据进行标准化处理。测算多要素耦合度，多个系统相互作用的耦合度模型为：

$C_n=\{(u_1, u_2, …, u_m)/\|u_i+u_j\|\}^{1/m}$（3）；

其中，$u_1, u_2, …, u_m$为各要素指标单独的综合评价指数，C=[0,1]，C=0时说明要素耦合度关系最大，C=1时说明要素间没有耦合关系。

由于耦合度的指标是解释系统要素之间的作用强度，但不能反映要素相互间的发展水平和协调情况，在模型中，

[①] 刘存发.绿色零能耗建筑设计尝试：以天津华厦科技园万和堂为例[J].华中建筑，2015（11）：50-55.

当两个系统的水平都较低时也会产生较高的耦合度，为了避免这一问题，而引用耦合度协调模型，其模型公式为：

$$\begin{cases} D=(C\times T)^{1/2} \\ T=\alpha u_1+\beta u_2 \end{cases} \quad (4);$$

其中，D 为耦合协调度；T 为各指标的系统综合协调指数，反映整体发展水平对协调度的贡献；α、β 为待定系数，分别表示指标的贡献系数。

3. 横琴科技园区主成分因子构成

研究以横琴6个科技园为样本，其主成分因子构成详见表4-10。6个科技园的数据来自于实际项目的考察以及地理资料。园区内通过功能布局对总平面占比进行分析，整合出数据比率。园区外以100米为半径的周边区域，以资源面积占总面积的比率，计算其绿色因子强度，并以《绿色建筑设计标准》（DB/T 5043—2021）为衡量标准，符合标准规范并优于标准的取值为1，其他按标准化处理计算（≤1），得出权重，详见表4-10。

表4-10 横琴科技园区主成分因子构成

样本数 (N_1)	自然属性（E_1）		社会属性（E_2）		城市类型（E_3）		园区架构（E_4）	
	环境共生 (x_1)	资源利用 (x_2)	社会文化 (x_3)	资源共享 (x_4)	创新活力 (x_5)	创新功能 (x_6)	园区类型 (x_7)	功能布局 (x_8)
横琴科学城一期（N_1）	0.91	0.89	0.80	0.80	0.83	0.82	0.88（综合型）	0.91
横琴科学城二期（N_2）	0.90	0.89	0.81	0.82	0.82	0.81	0.86（综合型）	0.90
横琴科学城三期（N_3）	0.88	0.89	0.82	0.82	0.80	0.83	0.88（综合型）	0.90
横琴国际科技创新中心（N_4）	0.89	0.89	0.89	0.88	0.90	0.90	0.93（综合型）	0.92
粤澳合作中医药科技产业园（N_5）	0.83	0.83	0.87	0.87	0.88	0.88	0.80（研发型）	0.85
横琴科学城/臻林山庄（N_6）	0.93	0.87	0.78	0.72	0.78	0.88	0.81（服务型）	0.80

构建经标准化处理的科技园区数据样本矩阵：$X_i = \{X_1, X_2, ..., X_8\}$，$N_i = \{N_1, N_2, ..., N_6\}$；$E_i$ 为标准化处理类别；X_i 为标准化处理类型，N_i 为样本数量，$N_i \leq 6$。

4. 横琴科技园主成分因子分析

主成分分析是一种通过降维思想简化数据集结构的分析方法，因子变量之间存在相关性是主成分分析的前提。本研究按科技园（园区架构）同质性，作出横琴科技园区主成分因子分析。通过耦合度协调模型的方法，分析主成分因子，解读出其对横琴科技园区的绿色强度（表4-11）。

表4-11 主成分因子系数表

因子	主成分（F_1）	主成分（F_2）	主成分（F_3）	绿色强度
x_1（环境共生）	0.90	0.83	0.93	
x_2（资源利用）	0.89	0.83	0.87	
x_3（社会文化）	0.83	0.87	0.78	
x_4（资源共享）	0.83	0.87	0.72	0.84（横琴科技园区生态创新强度）
x_5（创新活力）	0.84	0.88	0.78	
x_6（创新功能）	0.84	0.88	0.72	
x_7（园区类型）	0.89	0.80	0.78	
x_8（功能布局）	0.92	0.85	0.88	
创新强度	0.87（综合型）	0.85（研发型）	0.81（服务型）	

注：因子取值依据：一是根据参考文献、同类型科研以及相关标准取值。二是通过实地样本采样，收集数据，经过相关标准，进行标准化处理，计算因子在科技园的生态创新系统中所占的比例。再经过以相同类型科技园作为主成分选取对象，进行数据分析，构建各类型科技园的绿色强度标准，并在此基础上，归纳整合横琴科技园区的绿色强度。

函数：

$f(F_1) = \sum_{N=6}^{i}(X_{i=1}^1 + X_{i=2}^2 + X_{i=3}^3 + ... + X_{i=8}^8)/8$；

$f(F_2) = \sum_{N=6}^{i}(X_5^1 + X_5^2 + ... + X_5^8)/8$；

$f(F_3) = \sum_{N=6}^{i}(X_6^1 + X_6^2 + ... + X_6^8)/8$；

$f(F_i) = \sum_{N=6}^{i}(F_1 + F_2 + F_3)/3$；

式中，F_i 为经标准化处理的主要因子系数；X_i 为相似类型科技园区的方差值；F_1 代表综合型科技园区生态创新强度；F_2 代表研发型科技园区的生态创新强度；F_3

代表服务型科技园区生态创新强度；样本数$N=6$。

创新强度G_i计算公式如下：

$$G_i = \frac{\overline{F_1}+\overline{F_2}+\overline{F_3}}{3}=0.84$$

式中，$\overline{F_1}$、$\overline{F_2}$、$\overline{F_2}$为主成分创新强度的平均数，且值均$\leqslant 1$。

综上研究得出，横琴科技园区的绿色强度为0.84，其绿色发展影响度与主成分因子呈正相关关系，因此以$G_i \geqslant 0.84$系数为绿色强度标准，为量化分析横琴科技园绿色发展因子以及衡量其绿色效能提供数据指标。

科技园作为主要科研和成果集聚的载体，拥有独特的绿色规划和建筑语言，并具有引领创新方向和收集创新元素的功能，为城市创新空间的可持续发展作出有力贡献。因此，基于"可持续发展"理论，结合因子分析法，梳理出横琴科技园区绿色发展的主要原则如图4-15所示。自然层面，主要以气候适应为原则；社会层面，主要以文化适应为原则；城市层面，主要以产城协同为原则；园区层面，主要以绿色设计为原则。

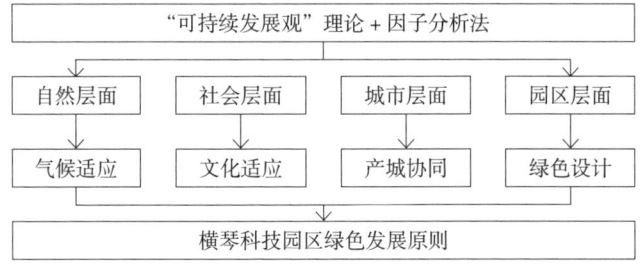

图4-15 横琴科技园区绿色发展的主要原则

5. 构建横琴科技园区生态系统

上述研究运用因子分析得到衡量科技园绿色强度的标准，从一定程度上解析了实现横琴科技园区绿色发展的一般原则，可为科技园后续绿色发展提出科学的宏观、中观、微观层面的建议。

科技园的生态圈主要表现为科技与人的协调，因此，在宏观策略上，横琴科技园区生态系统的构建如图4-16所示。参考《绿色建筑评价标准》（2019年版），把握横琴科技园绿色发展准则，注重"人本需求"与"功能需求"的协同，具体如下：①以适应气候设计，减少园区的热岛效应，加强节能设计等，使空间环境健康舒适，实现"生态交互、宜居健康"的园区；②以适应

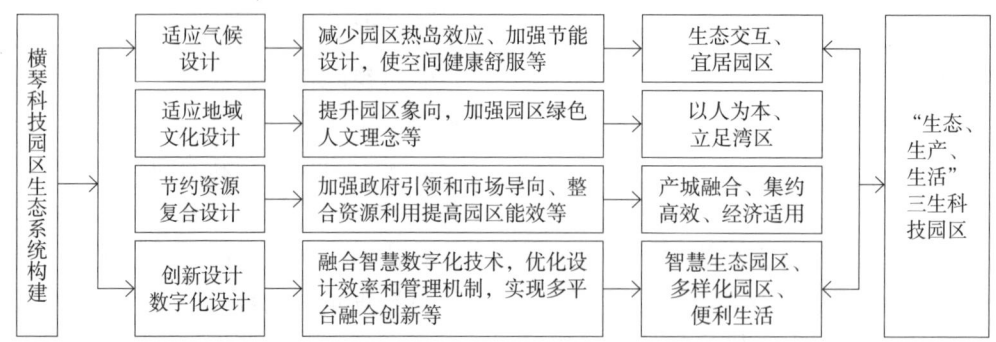

图 4-16 横琴科技园区生态系统构建

地域文化设计，提升园区意象，加强园区绿色人文理念，实现"以人为本、立足湾区"的园区；③以节约资源、复合化设计，加强政府引领、市场导向，整合资源利用，实现产城融合、集约高效、经济适用的园区；④以创新、数字化设计，融合智慧技术，优化设计效率和管理机制，促进多平台的融合，实现生活便利、多样化的智慧园区。

因此，基于以上逻辑关系，结合集聚效应，定性定量地衡量科技园发展，构建出"生产、生活、生态"的生态系统，进而促进城市的高质量发展。

基于横琴科技园区的生态系统，在相关政策引导下，可搭建创新发展平台，加强创新服务，提高创新环境与创新能力，具体措施如下：

（1）提升创新能力

①实施人才战略。城市发展离不开人才，应多路径、多层次地广泛吸纳人才，并提供基本的生活保障，提高城市创新的人力水平。

②促进产学研融合。推动科研机构的科研成果产业化，鼓励企业挖掘市场需求，将技术成果进行转化；发挥技术创新平台的优势，促进形成更多惠及社会发展的高技术产品，从而实现横琴科技园区空间的复合和多样化。

（2）提升创新环境

建立以政府部门、科研机构、企业为核心的创新生态体系，形成相互依赖、相互支持的合作关系。政府通过建立横向和纵向机构，打通各个环节壁垒，创造平台，实现信息、技术、人才、资本的流动，为建设横琴科技园区的创新生态环境打下坚实的基础（图4-17）。

（3）提升创新服务水平

在政策指导下，科技服务业依托科技

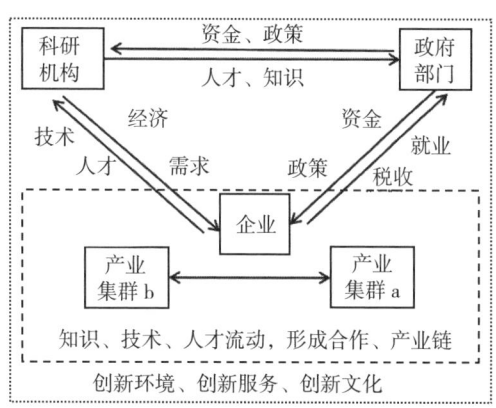

图 4-17 构建科技园区的创新生态体系

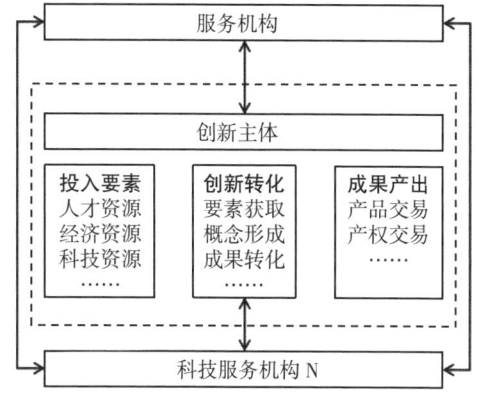

图 4-18 科技园区的创新服务水平框架

服务机构,通过整合创新要素,实现科技资源顺利转化、交易,并且充分吸引资金、人才资源,灵活整合创新要素,提高创新能力(图4-18)。

(二)横琴科技园区绿色发展措施

横琴科技园区的绿色发展离不开市场调控与政策的指引。科技园的生态建设促进生态经济集聚,并为政策的制定提供了有力的依据。然而,基于中观层面策略,实现科技园的生态建设离不开具体的措施,微中见大,相辅相成。

因此,为实现横琴科技园的绿色发展,基于上文因子分析的结果,现针对横琴的地域文化、气候条件、城市规划等,提出适宜横琴科技园区绿色发展的措施,包括①规划层面:激活科技园、培育科创社区、开放科技园区;②建筑层面:建设科技楼宇、嵌入众创空间、营造开放空间。具体措施见表4-12。

表4-12 横琴科技园区绿色发展措施

层面	措施	措施的具体分析
规划	激活科技园区	1. 将科技园区作为创新源,促进高质量的技术创新,培育更多的创业主体; 2. 创新机制,鼓励科研与产业合作,促进更多高品质成果转化; 3. 利用政策鼓励产学研融合,合理规划,实现园区带动城市发展; 4. 在有条件区域开展园区周边的存量用地更新,支撑更多创新成果转化或将创业活动衍生为成果; 5. 对需要大量空间的项目,鼓励与周边区域合作,促进研究成果转化等

（续上表）

层面	措施	措施的具体分析
规划	培育科创社区	城市中心城区： 1. 通过点状嵌入模式，对现有科技园区追踪识别其水平和需求，完善公共服务设施，提供政策支持；对新建科技园区，结合选址特点，提供有弹性的建筑内部空间，实现居住与创新创业功能的相互转化； 2. 通过综合体模式，加强综合体中居住功能与城市资源的联系，实现存量更新发展
		郊区周边区域： 1. 通过在大型居住区中植入众创空间模式，梳理可利用的城市用地，依照不同规模规划植入差异性主题的众创空间； 2. 结合大型居住区及周边科技园资源，发展科创社区；同时规划公共服务设施、道路交通设施，以科创社区为契机带动片区发展
	开放科技园区	注重全产业链、功能复合、产城融合、交通能达性
建筑	建设科技楼宇	1. 新建的科技楼宇应充分结合创新活动的特征，结合运营主体需要，进行创新性的空间设计； 2. 对已建建筑的改造应适应创新活动对空间布局、功能配置和建筑形象的需要； 3. 针对城市发展的不同圈层，对创新空间提出不同的建设和改造导则； 4. 鼓励科技楼宇进行适当的功能复合，鼓励业态创新
	嵌入众创空间	1. 节约办公成本； 2. 提高服务便利性； 3. 优化创新源距离； 4. 赋予政策条件
	营造开放空间	1. 城市建设要站在人的视角，设计城市地面层空间的功能、业态和形态，尤其是沿街界面的规划设计，减少封闭式围墙的界面； 2. 规划应考虑街道的环境和尺度，减少街块尺度，增加末端街道的设计，形成宜人、可骑行和步行的街道环境，充分应对健康出行、公共单车出行的现代交通方式； 3. 选择性地开放部分校区、社区、园区，增加封闭性社区与城市的互动，增强内部人员与外部人员的互动联系
说明		以上是基于横琴科技园区绿色建筑类型、气候条件、经济基础、社会环境而作出的针对性措施，将助力科技园区的绿色发展

(三) 横琴科技园区绿色发展模式探讨

1. 创新空间模式

①创新源驱动模式（图4-19）：科技园区建设应紧密围绕创新源展开，增强创新源的知识、技术创新能力，推进人才培育和技术转化，不断孵化新企业，保持持续的创新创业活力。在这个过程中，政府起到关键的辅助作用，需从空间保障、公共服务、人才企业发展角度推出相关政策和措施。具体措施：一是建立高校和企业的互动机制，利用好高校资源，对接好高校与企业的人才、技术交流是发展的关键；二是不断吸引和孕育新企业，这是大湾区科技园区发展的持续驱动力；三是保障科研机构、高校发展空间，提供低成本空间；四是提升商业氛围，维持公共服务的多元化；五是政府完善技术转移、人才流动、企业创业的政策。

②服务+环境吸引模式（图4-20）：基于大湾区活跃的经济基础和各类服务型企业资源，挖掘周边空间的潜力，为创新提供发展空间是关键所在。政府一方面应进一步引导区域创新服务平台和网络的搭建，另一方面，应在更大范围内统筹考虑，通过市场化手段进行存量空间的微更新利用。具体措施：一是基于良好的服务基础，吸引龙头企业；二是鼓励市场主导的创新空间开发；三是拓展国贸核心区的辐射范围，挖掘潜力用地；四是围绕产业链建立产业联盟和平台性机构。

③城市更新模式（图4-21）：首先是空间的整体规划与更新计划，协调功能组织，激活存量用地；其次是积极引进创新源，形成特定产业集群优势。具体措施：一是重新定位发展目标，统筹空间规划；二是空间潜力挖掘，功能再组织；三是引入创新源，提升片区的创新能力；四是培育和吸引特定产业方向的企业和人才。

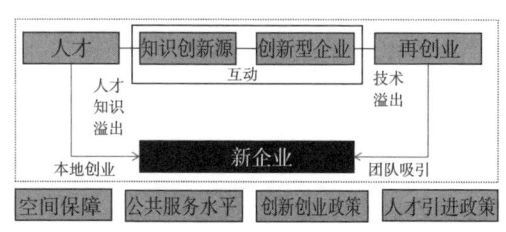

图 4-19　创新源驱动模式

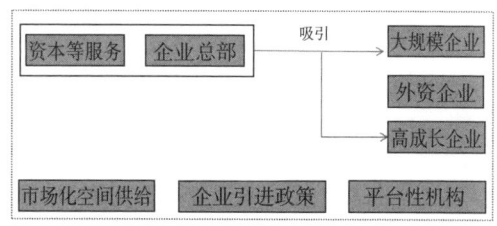

图 4-20　服务+环境吸引模式

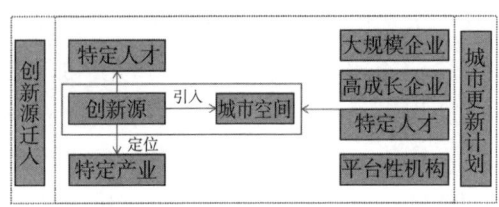

图 4-21 城市更新模式

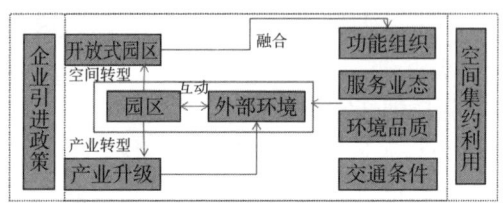

图 4-22 园区转型模式

④园区转型模式（图4-22）：一是以开放式园区建设统筹片区转型；二是围绕开放式科技园区，加快促进园区功能与城市功能融合，整合科技园区内部服务体系和周边城市服务体系；三是合理组织片区内功能配比；四是引导园区进行产业升级；五是探索园区管理模式的创新。

2. 加强横琴科技园区土地有效利用

大湾区是最为开放的地区之一，人口密集，城市密度大，存量建设多，横琴是其中不可缺少的一部分。因此，针对大湾区横琴的建设特点，提高土地的有效利用，应以市场为主体，以城市创新空间功能区为核心，促进各类存量用地更新改造为创新空间用地，采用多样化的方式将低效闲置土地及空间资源盘活，结合土地转化更新路径以及相关政策，构建有利于创新创业的土地开发体系，推动大湾区横琴科技园区的可持续发展。

综上所述，科技园的生态建设能够促进生态创新的原因是科技园区绿色因子的集聚效应，即科技园区的建设是人力与经济的集聚，从而促进生态创新。因此本节以定性定量相结合的方法，即以绿色强度作为衡量科技园区绿色发展的标准，从而探索横琴科技园的绿色发展路径。同时以此路径构建出可实现科技园区生态建设的范式，形成可复制、可推广的方法体系，为不同区域的科技园区绿色发展提供一定的借鉴。

第五章 总结与展望

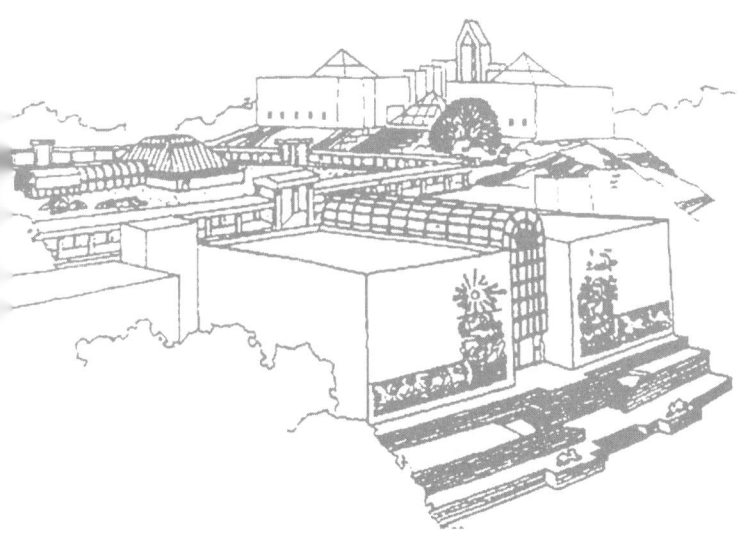

一、总结

中国是人口大国，面临着经济和生态的双重压力。经济的发展往往带来生态环境的破坏，因此，布劳恩和维尔德（Brawn，Wield）于1994年提出了绿色技术概念，提倡进行具有生态和经济效益的生态创新活动。随后，詹姆斯（James）于1997年提出了生态创新的概念，提倡生产有利于生态环境并可能创造经济价值的新产品[①]。生态进步的原则是低污染、绿色和高效，这既可以促进经济增长，又能确保生态效益。因此，生态创新方法对于以可持续发展的方式促进创新经济具有重要意义。

经济基础和政策支持是科技园区绿色发展的重要保障，如高特斯和帕斯翰（Goetz，Ru-pasingha）以及克鲁斯（Keluci）等人研究发现，由于创新主体之间的协同创新、知识溢出和经济规模等有力条件，科技园区在创新产出和效率方面表现更好。我国学者谢博发现，科技园区是政府参与和领导当地创新经济发展的重要政策工具与手段，王希倍和冯燕超发现科技园在区域经济增长和节能减排中发挥重要的作用，但他们都没有涉及对科技园区的生态创新效应的研究。我们的研究是对已有研究的补充，科技园的生态建设能够促进生态创新的原因可能是科技园区绿色因子的集聚效应，即科技园区的建设可能会吸引具有绿色和创新属性的投资以及创新人力资本的集聚，从而促进生态创新。

科技生态创新需要良好的环境和坚定的产业基础。从国家战略层面来看，粤港澳大湾区是我国开放程度最高、经济活力最强的区域之一，已经成为我国提升创新能力的先行者，在国家发展大局中占有重要战略地位。当前，中国已经成为世界第二大经济体，制造业产能排在世界第一位，我国也正在向创新型国家转型。立足新发展阶段、贯彻新发展理念、构建新发展格局，建设世界级创新平台和战略高地，是国家赋予粤港澳大湾区的特殊历史使命。在粤港澳大湾区率先形成具有国际竞争力的自主可控的产业链、供应链集群，形成整体的、系统的创新能力，是大湾区提升整体竞争力的迫切需要，也是提高中国大国竞争博弈能力的必然选择。

因此，横琴高科技园区积极探索粤港澳大湾区建设的新机遇、新动能，主

[①] O'Connor J. Natural causes: essays in ecological marxism [M]. New York: the Guilford,1997.

动落实"十四五"规划,助力粤港澳大湾区建设和推动共建"一带一路"高质量发展等,为粤港澳大湾区建设吹响了新的冲锋号。可以预见,在党中央的支持下,粤港澳大湾区将产生新的发展动能,迈进高质量发展新时代。

高科技园区的发展模式现已成为引领一线城市升级转型的核心内容。随着城市化、工业化的发展,科技园区的回归是必然趋势。纵观世界的科技园发展历程,主要分为三阶段,第一阶段为适应工业化发展而功能单一的科技园区;第二阶段为向知识城市转型期间以科学研究或科研生产为主的科技园;第三阶段科技园表现出多元融合、智慧生态社区化和产学研、生活一体化的特征。因此,目前对高科技园区的研究发生了实质性的变化。在研究内容上,从聚焦单一功能要素转向多元化要素。聚焦的某单一功能要素主要指生产,而多元化的科技园区则涵盖多个功能要素,由此形成区域生成机制研究。在研究尺度上,现在一般从宏观、中观、微观层面逐步展开。宏观层面着眼国际视野,中观层面关注区域意义,微观层面聚焦绿色发展解决方案。在研究方法上,以定性为主,逐渐在定性基础上融合定量研究。定性研究主要采取描述法、文献归纳法、主导因子法等,定量研究主要集中于对案例中的主导因素进行数据分析,提取主要影响因子,并使用聚类分析将因子按类型分类,再运用相关性分析,归纳出绿色发展解决方案。纵观当前研究,研究内容逐步丰富深入,研究尺度逐渐完善,研究方法上强化定量分析。但定量分析存在一定不足,如对"绿色性能"量化容易忽略对其中的自变量与因变量的分析,以及忽视绿色建筑人文理念和舒适度。因此,本书在上述方法的基础上,整合设计,并引入系统聚类定量分析,既体现科技园区绿色发展路径的维度与深度,又避免绿色人文理念的缺失。在建筑设计的过程中重视项目环境的分析以及功能使用的分析,提出横琴科技园区的绿色发展路径。通过定性结合定量的方法探索一种更全面、客观、准确的科技园区的绿色发展解决策略,构建出其绿色发展路径,以期为不同区域推进科技园区的可持续发展提供一定的理论支撑和技术力量。

本书主要遵循"两观三性"——"可持续发展观"——绿色发展方案——科技园区的绿色发展路径的逻辑,即在"两观三性"理论下把握"可持续发展观"的深刻涵义,并在此基础上梳理出有关绿色发展的方案,继而在此逻辑关系下，针对科技园区的理论与实践研究，得出科技园区的绿色发展路径，从而为以后的科技园区的可持续发展提供借鉴样本。

通过横琴科技园区的绿色发展路径研究，主要具有以下特点：

（1）本书系统地结合了理论和实践经验，使横琴科技园区绿色发展路径的研究更具有科学性与可应用性。

（2）本书基于"可持续发展观"理论，结合生态创新要素构成，选取横琴科技园区绿色因子，重构"气候适应性、文化适应性、产城协同机制、科技园区架构"四方面与生态创新的耦合关系，并通过耦合度模型标准化处理，得出四者对科技园的创新能力、创新服务、创新环境的作用力，从而探索科技园区绿色因子的集聚效应，提出针对性的绿色发展策略及路径。其中的主成分因子分析，证明了主导因子的科学性，为研究增加说服力。

（3）科技园的生态建设能够促进生态创新的原因可能是基于科技园区绿色因子的集聚效应，因此通过分析横琴6个科技园样本，得出横琴科技园的绿色强度值为0.84，证明横琴科技园区的生态创新具有良好的基础和驱动力。通过对绿色强度影响因子的归纳分析，明确了横琴科技园区绿色发展的作用因素，构建了"生产、生活、生态"的生态系统，助力城市高品质发展以及社会、经济、生态效益的可持续发展，为其他城市科技园区的生态建设提供参考范本。

（4）基于现有对横琴科技园区的研究，面向高质量发展需求，通过宏观的生态系统构建、中观的整合设计、微观的具体措施，制定了科技园区绿色发展策略。针对绿色性能的量化表达以及规范标准，加强科技园区定性和定量分析相结合的方法。

（5）对科技园空间的研究热点主要集中在空间功能特征、发展规律、更新与空间重构等方面，多学科研究能产出丰富的成果，后续可加强交叉学科视角的研究。

（6）科技园的影响因子分类方式多样，因子之间存在交叉、重复、渗透，应明晰因子之间的关系，找出科技园的普遍规律与个性特征。

（7）在全球化发展背景下，智慧城市与科技园有密切关系，如何更新科技园的知识传播和利用方式，挖掘其新型价值，是值得深入研究的议题。针对科技园的实际需求，应重点关注自然环境、社会创新文化及政策制度、园城互动等各类因素的共同影响，构建系统性的方法体系和指标体系。

（8）科技园的空间重构目前聚焦于物质空间的建设，需注重结合城市的资源和产业发展，注重区域融合，建设具有"人本需求"的重构路径，并需进一步思考和探讨科技园绿色发展模式，为后续科技园的绿色发展提供思路。

二、展望

随着我国科技园区的快速发展，作为城市重要组成部分的公共空间也面临着新的发展机遇，为相关研究提出新的议题和创新空间，未来研究者应注重以下几个方面：

（1）基于多学科平台构建综合研究的理论体系。不同学科研究科技园区空间构成的侧重点不同，应在丰富当前研究的基础上，加强多学科之间的交流与对话，形成系统的研究思路与研究范式，在多学科平台体系整合下探索各自的特色发展方向。

（2）结合应用性发展理论创新研究视角。科技园区的形成具有时代代表性，并且承载自然、社会、经济与创新多重价值，应在新时期"多元化"的导向下，结合科技园区的现代生产、生活、研究方式，从实证研究上升到应用性发展理论，探寻新的研究视角。例如，在重构过程中评价理论仍不清晰，有待结合地域特征和量化分析方法进一步完善，以指导实践应用，并与科技园区理论结合，尤其与多元化、可持续发展理论相结合进行精细化研究。

（3）创新研究方法。定性与定量研究是目前研究科技园区的主要方法，质性研究多通过实地调研、档案查阅、深度访谈和案例分析等方法实现，量化研究包含GIS技术、时空大数据、PSR模型分析等方法。然而通过多种方法融合创新的研究成果相对较少，这也是未来需要突破的方面，例如利用现代数字化技术结合质性研究，对科技园区的绿色发展策略展开探索。综合地运用定量和定性研究方法，将成为探索科技园区可持续发展路径的重要方法。

参考文献

[1] 周莉华. 何镜堂传[M]. 广州：华南理工大学出版社，2015.

[2] 赵安启，周若祁. 绿色建筑的人文理念[M]. 北京：中国建筑工业出版社，2010.

[3] RYBCZYNSKI W. How architecture works[M]. 金政延，译. 杭州：浙江教育出版社，2019.

[4] 张祖刚. 建筑科学文化广角论[M]. 北京：中国建筑工业出版社，2014.

[5] 吴焕加. 建筑学的属性[M]. 上海：同济大学出版社，2010.

[6] 钟华楠，张钦楠. 全球化. 可持续发展. 跨文化建筑[M]. 北京：中国建筑工业出版社，2006.

[7] 大西正宜. 建筑与环境共生的25个要点[M]. 胡连荣，译. 北京：中国建筑工业出版社，2010.

[8] 吴良镛. 21世纪建筑学的展望[J]. 北京规划建设，1999（3）:1-4.

[9] 卜一德. 绿色建筑技术指南[M]. 北京：中国建筑工业出版社，2008.

[10] 任俊宇. 创新城区的机制、模式与空间组织研究[D]. 北京：清华大学，2018.

[11] 袁玮. 基于城市可持续发展环境下的大学科技园区研究：以南京地区大学科技园区规划为例[D]. 南京：东南大学，2015.

[12] 李红宾，汪贝贝. 国内外科技园区创新生态系统的建设与启示[J]. 青海科技，2021（5）:17-21.

[13] 中华人民共和国住房和城乡建设部. 热带地区居住建筑节能设计标准 JGJ26—2018[S]. 北京：中国建筑工业出版社，2018.

[14] 张彤. 中国普天信息产业上海工业园智能生态科研楼的被动式节能建筑设计[J]. 动

感（生态城市与绿色建筑），2010（1）：82-93.

[15] 向姝胤，向科. 话语构建、理论框架、方法策略：浅析何镜堂"两观三性"建筑思想的三个维度[J]. 南方建筑，2021（6）：19-22.

[16] 陈纵. "两观三性"视角下的当代大学校园空间更新与改造设计策略研究[D]. 广州：华南理工大学，2020.

[17] 沙新华. 高新技术产业园区可持续发展研究[D]. 天津：天津大学，2013.

[18] BOWEN W R. 工程伦理：挑战与机遇[M]. 丛杭青，沈琪，周恩泽，译. 杭州：浙江大学出版社，2020.

[19] 吴良镛. 广义建筑学[M]. 北京：清华大学出版社，1989.

[20] KEN B, AMARTYA S. On Ethics and Economics[J]. Economica, 1988, 55(218):279. DOI: 10.2307/2554476.

[21] THRING, M W. The engineer's conscience[M]. Northgate pub. Co.Ltd. , 1980.

[22] ALICE R, PAOLA A. Design emergency：building a better future[M]. Phaidon Press, 2022.

[23] 李军凯. 京津冀科技创新区链构建模式与路径研究[M]. 北京：科学出版社，2020.

[24] 李荣. 国家大学科技园：创新模式与融合互动[M]. 北京：经济科学出版社，2022.

[25] 黄亲国. 中国大学科技园发展研究[M]. 南昌：江西人民出版社，2006.

[26] 张士运，李海丽. 世界知名科学中心发展研究[M]. 北京：科学出版社，2018.

[27] 汪民安，郭晓彦. 建筑、空间与哲学. 生产. 第13辑[M]. 南京：江苏人民出版社，2019.

[28] 矢代真己，田所辰之助，滨崎良实. 20世纪的空间设计[M]. 卢春生，小室治美，卢叶，译. 北京：中国建筑工业出版社，2007.

[29] 勃罗德彭特. 符号·象征与建筑[M]. 乐民成，译. 北京：中国建筑工业出版社，1991.

[30] 舒尔茨. 存在·空间·建筑[M]. 尹培桐，译. 北京：中国建筑工业出版社，1990.

[31] 萨迪奇. 权力与建筑[M]. 王晓刚，译. 重庆：重庆出版社，2007.

[32] 刘先觉. 现代建筑理论[M]. 北京：中国建筑工业出版社，1999.

[33] 丁沃沃，胡恒. 建筑文化研究[M]. 北京：中央编译出版社，2009.

[34] 沃德，杜博斯. 只有一个地球[M]. 《国外公害丛书》编委会，译校. 长春：吉林人民出版社，1997.

[35] 麦克哈格. 设计结合自然[M]. 芮经纬，译. 北京：中国建筑工业出版社，1992.

[36] 西安建筑科技大学绿色建筑研究中心. 绿色建筑[M]. 北京：北京计划出版社，1999.

[37] 爱德华兹. 可持续性建筑[M]. 周玉鹏，宋晔皓，译. 北京：中国建筑工业出版社，2003.

[38] 仇保兴. 贯彻落实科学发展观，大力发展节约和绿色建筑[J]. 中华建设，2005（S1）:8-10.

[39] 林文雄. 生态学[M]. 北京：科学出版社，2007.

[40] 王贵祥. 中西文化中自然观比较：下[J]. 重庆建筑，2002（02）:48-51.

[41] 黄光宇，陈勇. 生态城市理论与规划设计方法[M]. 北京：科学出版社，2002.

[42] 吴良镛. 开拓面向新世纪的人居环境学：《人居环境与21世纪华夏建筑学术讨论会》总结发言[J]. 建筑学报，1995（3）:9-15.

[43] 仇保兴. 从绿色建筑到低碳生态城[J]. 城市发展研究，2009，16（07）:1-11.

[44] 夏云. 生态与可持续建筑[M]. 北京：中国建筑工业出版社，2001.

[45] 李海英. 生态建筑节能技术及案例分析[M]. 北京：中国电力出版社，2007.

[46] 佘正荣. 生态智慧论[M]. 北京：中国社会科学出版社，1996.

[47] 陈凡，朱春艳. 全球化时代的技术哲学[M]. 沈阳：东北大学出版社，2007.

[48] 张神树，高辉. 德国低/零能耗建筑实例解析[M]. 北京：中国建筑工业出版社，2007.

[49] 戈峰. 现代生态学[M]. 北京：科学出版社，2002.

[50] 马克思恩格斯全集. 第42卷[M]. 北京：人民出版社，1995.

[51] 世界环境与发展委员会. 我们共同的未来[M]. 长春：吉林人民出版社，1997.

[52] 高中华. 环境问题抉择论：生态文明时代的理想思考[M]. 北京：社会科学文献出版社，2004.

[53] 林毅夫，张鹏飞. 适宜技术、技术选择和发展中国家的经济增长[J]. 经济学季刊，2006（4）:985-1006.

[54] 李兆辰，程文银，刘生龙等.国家高新区、创新合作与创新质量：基于双元创新合

作的视角[J/OL]. 科学学与科学技术管理：1-16[2024-01-19].
[55] 顾红年. 气候与建筑[J]. 中学地理教学参考, 2000（9）:9-10.
[56] 徐佳, 崔静波. 低碳城市和企业绿色技术创新[J]. 中国工业经济, 2020（12）:179-196.
[57] 康芒德. 封闭的循环：自然、人和技术[M]. 长春：吉林人民出版社, 1997.
[58] 赵和生. 城市规划与城市发展[M]. 南京：东南大学出版社, 2005.
[59] 吴良镛. 世纪之交：论中国城市规划发展[J]. 科技导报, 1998（9）:52-55.